일하는 사람의 기본 51

일러두기

이 책의 등장인물 이름은 원서의 방식을 참고해 가명으로 표기했습니다.

린쉬안 지음, 박소정 옮김

회사에서 알려 주지 않지만,
회사생활과 커리어 개발에 꼭 필요한

일하는 사람의 기본 51

어떤
책

Contents.

차례

제3장 업무 능력: 일 잘하는 사람 되기

제4장 소통과 협상: 동료들로부터 원하는 것을 얻기

제5장 매니징업: 상사에게 인정 받기

Contents.

제6장 팀 관리: 상처받지 않고 팀 워크 강화하기

제1장 구직과 이직:

나에게 맞는 연봉과 일자리 찾기

❶ 구직할 때 가장 먼저 할 일은

나의 PMF 찾기

일자리를 찾는 사람들은 자연스럽게 본인 입장에서 구직 시장을 보기 마련이다. 그러나 시각을 넓혀 구직 시장과 기업 입장에서 구직활동을 바라보면 새로운 사실들을 깨닫게 된다. 그리고 그 깨달음이 여러분이 일자리를 찾는 데 큰

그림1-1 / 시장적합성(PMF) 개념

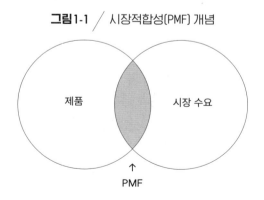

도움을 줄 것이다.

스타트업에서 자주 쓰는 '시장적합성Product Market Fit, 이하 PMF'이라는 말이 있다. 제품이나 서비스를 소비자에게 판매하려면 시장 수요에 일치시켜야 한다는 것이다(그림1-1). 스타트업은 보통 업계에 없던 새로운 제품이나 서비스를 출시하기 때문에 PMF를 중요하게 다룬다.

기업은 제품을 만들 때 소비자 성향, 제품 가치와 기능, 사용자 경험 등 여러 요소를 고려하면서 테스트와 수정을 반복한다. 바로 PMF를 찾으려는 노력이다. PMF를 높이면 고객만족도와 시장점유율을 동시에 높일 수 있다.

우리의 구직활동도 기업이 PMF를 찾는 과정과 같다. 그렇다면 우리의 경험과 능력이 일자리 시장의 수요와 일치하는지를 어떻게 알 수 있을까? 구직활동에서는 '구직자가 가진 것'과 '기업이 필요로 하는 것'을 지표로 삼는다. 여기서 '구직자가 가진 것'이란, 구직자의 장래희망이나 선호 직군이 아니다. 바로 '구직자의 가치'다.

채용공고에는 연봉, 업무, 책임이 기재돼 있고 구직자는 이를 통해 해당 직위의 성장 잠재력까지 파악할 수 있다. 여러분은 이 항목들을 살피며 스스로의 가치를 진단해 봐야 한다. 기업 입장에서는 구직자가 해당 직위에서 해당 업무를 완수할 수 있을지, 향후 더 기대할 수 있는 성과가 무엇인지 검토할 것이다. 이 부분이 '기업이 필요로 하는 것'이 된다.

구직활동을 하며 스타트업에서 사용하는 경제학 개념을 적용해 보는 것은 과연 구직자에게 도움이 될까? 당연히 도움이 된다! 다양한 시각으로 자신을 객관화하는 구직자가 이력서 작성, 면접 등 구직활동 전반에서 훨씬 더 유리하기 때문이다.

나는 지금까지 수천 개에 달하는 이력서를 검토해 봤다. 구직자 대부분은 자신이 자랑하고 싶은 경력, 프로젝트 경험, 성과를 가능한 많이 늘어놓는다. 정작 기업이 필요로 하는 능력 중 어떤 것을 갖췄는지를 드러내는 데는 소홀한 채 말이다. 이런 이력서는 인사 담당자나 면접관을 황당함에 빠뜨린다. '뛰어난 친구네. 그런데 그게 우리 회사와 무슨 상관이지?'라는 의문이 들게 한다.

'구직자가 가진 것'이 '기업이 필요로 하는 것'과 완전히 같을 수 없다. 따라서 이력서를 작성하거나 면접을 준비할 때는 먼저 기업이 어떤 능력을 갖춘 사람을 찾는지, 자신이 무엇을 할 수 있는지부터 파악하자. 그런 다음, 이력서와 면접에서 이와 관련 있는 여러분의 능력을 최대한 강조한다. 나에게 당신들이 딱 원하는 능력이 있다고 알리는 것이다. 이것이 바로 서류전형과 면접 합격률을 높이는 확실한 방법이다.

❷ 이직 방향은 분명히,

이직 계획은 체계적으로

나는 지금 다니고 있는 회사를 그만두고 싶어 하는 사람들과도 자주 상담한다. 그리고 취업 준비생보다 이직 희망자의 질문이 더 다양하고 상황도 복잡하다.

　그들에게는 이직을 원한다는 공통점이 있지만, 이직 이유나 동기는 제각각이다. 따라서 앞으로의 계획도 사람마다 다를 수밖에 없다. 이럴 때 나는 이직 희망자들이 생각을 정리하고 할 일을 계획할 수 있게 다음과 같이 단계별로 접근한다. ① 몇 가지 질문을 제시해 이직 희망자가 직면한 구체적인 문제를 파악한다. ② 파악된 문제를 쪼갤 수 있는 만큼 잘게 쪼갠다. ③ 작아진 문제들마다 각각의 해결 방법을 모색한다. ④ 해결 방법들을 실행 계획으로 바꾼다.

⑤ 실행 계획들에 순서를 정해 이직 희망자가 이를 순차적으로 실천하도록 한다. 이렇게 하면 이직에 대한 불안감을 낮추면서 동시에 이직 성공률을 높일 수 있다. 이 과정에서 주효한 질문들을 마인드맵으로 만들었다(그림1-2).

이직 희망자는 특징에 따라 네 가지 유형으로 분류가 가능하다. 여러분은 본인이 어떤 유형인지 살펴보고 그에 맞는 이직 계획을 참고해 보자.

A유형. 같은 업계, 다른 회사로 이직 희망, 목표와 방향이 분명한 경우

자신이 A유형에 속한다면 바로 이직 준비를 시작한다. 이

그림1-2 / 이직 방향과 계획을 찾아 주는 마인드맵

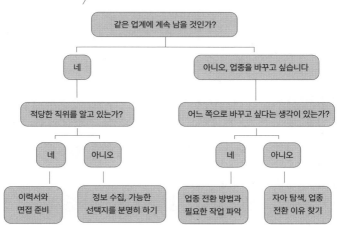

직하고 싶은 회사 정보를 어디에서 수집할지, 이력서를 어떤 방식으로 작성할지, 면접 때는 무엇을 준비해야 하는지 등을 찾아 하나씩 성실하게 실천해 나간다.

B유형. 같은 업계, 다른 회사로 이직 희망, 현재 직급이 특이한 경우

회사마다 직급 체계가 조금씩 다르다. 그러다 보니 이직할 때 자기 직급이 구인 시장의 수요와 정확하게 맞아떨어지지 않아 문제를 겪는 사람들이 있다. 바로 B유형이다.

언젠가 프로젝트 매니저 한 분과 이직 상담을 한 적이 있다. 그는 학교 졸업 후 그때까지 한 회사에서 일했는데, 회사에는 대리나 과장 등의 직급이 없었다. 직책에 따라 그는 '매니저'라고 불렸다. 그는 대리, 과장 등의 체계가 있는 다른 회사로 이직하기 위해서는 자신이 어떤 직급에 지원하면 되는지 궁금해했다. 나는 그의 커리어를 면밀히 검토한 다음, 그가 일반 회사의 '대리'에 지원하면 좋겠다고 판단했다. 그리고 나 이외에도 다른 헤드헌터에게 직급을 추천받고, 그에 맞게 이력서를 업데이트할 것을 조언했다. 만일 여러분이 B유형이라면 이 사례를 참고해 이직 계획을 세워 보자.

C유형. 다른 업계로 이직 희망, 목표와 방향이 분명한 경우

C유형은 이직에 대한 목표와 방향을 정해 어느 정도 마음의 준비까지 마쳤기에, 목표 직위에 필요한 기술적인 능력에 관심을 보인다. 여러분이 C유형이라면 자신이 목표 직위가 요구하는 자격 조건에 부합하는지, 어느 부분에서 부족한지, 그 격차를 줄이려면 어떻게 해야 하는지 확인한 뒤에 다음 사례처럼 대책을 마련한다.

HR인적 자원 분야 근무자로, 이제 3년 차 직장인이지만 컨설팅 경력은 1년 미만인 분과 상담을 한 적이 있다. 그는 유명 컨설팅 회사로 이직을 희망하고 있었으나 좀처럼 기회가 없었다. 나는 그가 원하는 회사로 이직하려면 컨설팅 경력이 더 필요하다는 점을 강조하고, 지금 단계에서 유명 컨설팅 회사에 바로 입사하기보다는 중간 단계로 작은 규모의 회사에 입사할 것을 추천했다. 이럴 경우 지금과 비슷한 수준의 연봉을 받거나 오히려 연봉을 낮춰야 했지만, 최종적으로 이직을 원하는 컨설팅 회사가 요구하는 자격 조건에는 가까워졌다. 당장은 약간의 손해를 감수하더라도 나중에 크게 도약할 수 있는 방법이었다.

D유형. 다른 업계로 이직 희망, 목표와 방향이 불분명한 경우

D유형은 이직 동기부터 분명히 해야 한다. 현재 하는 일에 적응하지 못해서, 성장하는 데 어려움을 느껴서, 다른 회사나 업계에 허황된 마음을 품어서 이직을 원하는 건 아닌지 확인하자. 그 답을 찾으려면 자기 마음의 소리에 더 귀 기울여야 한다. 쉽지 않겠지만 필요한 일이다. 이를 소홀히 한 채 섣부른 결정을 내린다면 얼마 못 가 또다시 이직을 고민하게 될지 모른다.

마지막으로 '가고 싶은 회사'와 '갈 수 있는 회사'는 엄연히 다르다는 점을 기억하기 바란다. 가고 싶은 회사는 자유롭게 정할 수 있지만, 갈 수 있는 회사는 자신의 능력, 상황 등 다양한 요소의 제약을 받는다. 가고 싶은 회사와 갈 수 있는 회사의 격차가 크다면 구직 과정을 되짚으며 원인을 찾아본다. 일반적으로는 다음 사항이 원인으로 꼽힌다.

'가고 싶은 회사'와 '갈 수 있는 회사'의 격차가 큰 원인과 해결책

❶ 이력서 작성 요령, 면접 기술 부족

⇒ 전문가의 도움을 구하면 쉽게 해결할 수 있다.

❷ 기업이 요구하는 능력, 경험 부족

⇒ 능력과 경험을 키워 부족한 부분을 보완해야 한다. 필요하다면

우회적인 방법도 생각해 보자. 최종적으로는 원하는 기업으로 이직하는 것을 목표로 하되, 당장은 눈높이를 낮춰 '갈 수 있는 회사'에서 필요한 경험을 쌓는 것이다.

❸ 구직자-회사 간 PMF가 낮음

⇒ 애초에 구직자의 목표 설정이 잘못된 경우다. 자기 경력을 재검토하고 다른 회사, 나아가 다른 분야까지 폭넓게 살펴보자. 그리고 만족스러운 일자리가 있다면 연봉, 직급 등을 예상했던 적정선에서 조금 낮춰 조율할 줄도 알아야 한다.

이직은 인생 흐름을 바꾸는 큰일이다. 이직을 준비하고 있다면 앞의 마인드맵과 조언을 꼭 참고해 자기 상황에 맞는 계획을 세우자. '가고 싶은 회사'로의 이직이 현실로 다가올 것이다.

❸ | **채용공고에서**

핵심 키워드 찾기

채용공고에서 '기업이 필요로 하는 것'을 찾는 방법을 구체적으로 알아보자.

채용공고에서 '담당 업무' 혹은 '주요 업무'라고 돼 있는 카테고리를 먼저 체크하자. 국내 기업이라면 '직무설명서'나 '직무소개서', 외국계 기업이라면 'Job Discription(JD)'도 주요 체크 사항이다. 기업이 지금 어떤 자리에서 일할 사람을 원하는지와 관련한 정보를 담고 있는 부분이다. 나중에 면접에서 여러분이 질문을 가장 많이 받을 구간도 바로 여기다. 그러니 면접을 준비할 때 담당 업무와 관련한 답변을 충분히 마련해 놓아야 유리하다.

온라인 상품 매니저인 서진은 6년 차 직장인이다. 구

직 시장 동향이 궁금해서 커리어 플랫폼 앱을 설치하고 프로필을 등록했다. 그러자 앱에서 서진에게 채용공고 두 개를 추천했다.

직책: 신제품 총괄 책임자 및 매니저

급여: 연봉 8천만 원~1억 원

담당 업무:

❶ 신제품 출시 프로젝트 관리 책임

❷ 신제품 기획 및 생산 총괄

-제품 연구개발

-샘플 테스트 및 개선방안 마련

-제품 디자인, 제품 포장재 확정

-제품 생산공정 확정

-제품 가격, 유통 마진 확정

-마케팅 채널 확정

❸ 소비자 데이터 분석, 제품 판매 추적, 제품평 모니터링, 제품 철수 계획 수립

❹ 부서 내외 네트워크 강화

-제품 관리 프로세스 최적화

-커뮤니케이션 시스템 최적화

서진은 이 채용공고에서 어떤 정보를 얻을 수 있을까?

① ❷에서 '제품 포장재 확정' 키워드를 보면 확실히 온라인 상품 매니저의 업무는 아니라는 걸 알 것이다. 온라인 상품과 실물 상품은 요구되는 능력이 다르다. ② ❸에서 '소비자 데이터 분석' 키워드를 보면 이 회사 고객은 개인이라는 것도 알 수 있다. ③ 직책명과 급여를 보면 회사가 찾는 사람은 부서를 이끄는 관리자로, 어느 정도 관리 경험이 있어야 한다는 걸 알 수 있다. 다른 내용들도 이런 추측을 뒷받침한다. 이 자리는 실무자 중 최고위직이고, 회사 전체를 기준으로 보면 중간 관리자다. 이런 직위는 공석은 적고 경쟁자는 많다. 구직자는 많고 일자리는 적은 상황에서 특정 경험만 있는 후보자는 구직 성공률이 낮을 수밖에 없다.

서진은 또 다른 공고를 확인했다. 이번에는 제법 자신의 포지션과 일치율이 높아 보였다.

직책: 제품 매니저Product Manager

급여: 연봉 5천만~7천만 원

담당 업무:

소셜네트워크 기업의 프라이빗 트래픽 매니저

-크리에이터 수요 파악

-자체 플랫폼 운영 및 비즈니스 육성

-제품 기획 및 디자인 확정

-프로젝트 진행 관리

-트래픽 및 수익 구조 리뉴얼

-성과 분석 및 관리

자격요건:

온라인 마케팅, 데이터 등 온라인 상품 관련 경력 3년 이상

우대사항:

자사 상품 사용 경험자

부서 간 소통 및 융화력, 스트레스 저항력이 높은 분

담당 업무에서 '크리에이터 수요 파악'과 '자체 플랫폼 운영 및 비즈니스 육성' 키워드를 보면, 회사 내부에서 타 부서와 협업하는 것 외에 외부 인사와 교류하며 니즈를 파악하고 제품 사용률을 높이는 업무임을 알 수 있다. 더 구체

적인 사항은 회사 상황에 따라 파악해야 할 것이다.

두 개의 채용공고를 검토한 결과, '매니저'라는 직위명은 같아도 업계와 분야가 다르면 업무 내용 또한 달라진다는 걸 알 수 있었다. 정리하면, 채용공고를 살펴볼 때는 키워드를 찾아내야 한다. '담당 업무, 협업 대상, 업계 용어'는 해당 직무의 방향을 보여 준다. 이를 통해 이력서에서 구체적으로 드러낼 점이 무엇인지, 면접관의 예상 질문은 무엇일지 예측할 수 있다. 만일 평소 괜찮게 생각하는 회사가 있다면, 당장 구직 생각이 없더라도 그 회사의 채용공고를 확인해 두자. 그런 뒤 채용공고의 키워드에 내 이력서를 맞추는 준비를 차근차근히 한다.

    만일 헤드헌터에게 제안을 받은 상황인가? 그렇다면 헤드헌터가 채용공고에는 없는 고급 정보를 손에 쥐고 있을 가능성이 높으니 다음 사항을 확인해 보자.

헤드헌터에게 확인할 사항

❶ 급하게 구하는 자리인지 여부

❷ 상하 보고 체계

❸ 직속 상사의 업무 스타일

❹ 전임자가 회사를 그만둔 이유

헤드헌터와 많이 대화할수록 회사 정보를 더 얻을 수 있다. 이와 관련해 헤드헌터의 도움을 받는 방법은 〈8. 연봉 협상에 관한 여섯 가지 질문과 답〉에서 좀 더 다루겠다.

❹ | **인사 담당자가 뽑을 수밖에 없는**

| 이력서 작성하기

이력서 작성과 관련한 질문들을 자주 받는다. 그중 한 사례를 나눈다. 학력, 공인영어시험 점수 등 기본 조건이 괜찮은 편인데 번번이 서류전형에서 탈락한 분의 이야기다. 그는 특별히 추천받아 이력서를 제출한 회사에서도 불합격 통보를 받았다며 답답한 심정이라고 했다. 그 때문에 나를 찾아온 것이기도 했다.

그가 보여 준 이력서를 검토하니 확실히 문제가 있었다. 구직 사이트에서 제공하는 양식에 신상 정보를 입력해 완성한 이력서였는데, 안타깝게도 사이트 툴을 잘못 사용한 탓에 엉뚱한 항목에 다른 내용이 들어가 있는 실수가 단박에 눈에 띄었다. 그리고 여러 경력 사항을 종류별로 분류해 정리하면 좋았을 텐데 장황하게 늘어놓아 복잡해 보였고, 내용도 쉽게 파악되지 않았다. 전체적으로 경력을 타임라인 순으로 정리하지 않은 것도 문제였다.

인사 담당자가 1차로 이력서를 검토하는 시간은 고작 30초에서 1분 정도다. 쓱 한번 훑어보면서 내용이 충실하고 레이아웃이 깔끔한 이력서라고 판단해야, 2차로 제대로 읽어 볼 마음이 생기는 것은 당연하다. 그의 이력서가 대부분 면접 기회로 이어지지 못한 이유는 여기에 있다.

지금까지는 이력서의 기초적인 문제에 불과했고, 사실 진짜 문제는 이력서 내용에 있었다. 구직자 대다수가 자주 놓치는 부분이기도 한데 바로 '이력서 내용의 논리성'이다. 즉, 이력서 내용이 채용공고와 논리적으로 맞아야 한다. 이력서 내용을 논리적으로 정돈하는 작업은 진로를 진지하게 고민해 보는 계기가 되기도 한다. 자기 경력을 정리하면서 그 일을 시작한 원인과 성과를 되짚고 앞으로 나아갈 방향을 찾을 수 있다.

예를 하나 들어 보겠다. 서영은 대학을 졸업하고 HR 분야에서 일하다 유학을 갔다. 해외 대학원에서는 HR과 전혀 상관없는 미술 분야를 공부했고 미술관에서 인턴으로도 일했다. 그런데 귀국한 서영은 대학원 이력을 뒤로하고 다시 HR 분야에서 일하고 싶어 한다.

　서영이 학력과 인턴 경력을 낱낱이 밝힌 이력서를 제출하고, 이를 면접관이 본다면 어떨까? 아무래도 HR 분야에서 뚝심 있게 일하지 못할 것 같은 사람으로 판단하기 쉽다.

　여러 직업을 탐색하기만 하는 듯한 지원자를 환영할 회사는 없다. 이력서에서 지원 기업의 채용공고와 무관한 경력은 적당히 덜어 내는 것이 바람직한 이유다. 또한 면접에서는 지원 동기를 요령 있게 설명하고 자기 선택에 대한 확신을 보여 준다. 이런 식으로 말이다.

　"예전에 HR 분야에서 일할 때는 앞으로도 이 분야에서 계속 일을 할지 확신이 없었습니다. 그래서 대학원에서 다른 분야를 공부해 보고 그 업계에서 인턴으로도 일하면서 진로를 탐색했습니다만, 역시 원래 하던 일이 제게 잘 맞고, 잘할 수 있는 일이라는 생각을 했습니다. 그래서 처음에 한 선택을 밀고 나가기로 결심했습니다."

　이처럼 채용공고를 자세히 살펴 자기 경력과 생각을 미리 논리적으로 정리해 두었다가 면접에서 분명하게 전달한다. 지원 동기를 묻고 답하는 것은 언뜻 의례적인 절차 같아도, 실제로는 합격 여부에 큰 영향을 미친다.

¶

이력서를 작성할 때는 주의할 점들이 있다. 일단 이력서는 최소 3단계에 걸쳐 준비하자.

이력서 준비 3단계

‣ 1단계: 나중을 대비해서 평소 자신의 업무를 정기적으로 업데이트한다. 시간순으로 업무 경력과 프로젝트 경험을 자세하게 정리한다.

‣ 2단계: 구직할 때는 목표하는 회사의 채용공고를 참고해서 관련 있는 부분만 남기고 불필요한 내용은 걸러 낸다.

‣ 3단계: 중점적인 내용이 돋보이게 순서, 분량, 세부사항, 레이아웃을 조정한다.

1단계에서는 'STARE' 원칙을 따른다. 즉, 상황Situation, 목표Target, 행동Action, 결과Result, 경험Experience에 따라 작성하는 것이다. '어떤 상황에서 어떤 목표를 세웠고 어떤 행동을 했으며 어떤 결과와 경험을 얻었는지' 식으로 경력을 설명한 뒤, 마지막에 본인 생각과 종합적인 결론을 덧붙인다.

2단계에서는 목표하는 회사와 관련된 경험을 주로 부

각한다. 연관성이 별로 없는 인턴 경력 등은 굳이 언급하지 않아도 된다. 자칫 주객이 전도돼 보일 수 있다.

3단계에서 이력서를 다듬을 때는 '때론 자세하게, 때론 간단히' 원칙을 기억한다. 지원하는 자리와 연관 있는 프로젝트(세부사항, 숫자, 성과, 결과로 보충), 지원하는 자리가 요구하는 자질 등은 자세히 서술한다. 반대로 지원하는 자리와 관련 없는 프로젝트, 구직자와 무관한 경력은 간단히 서술한다. 이렇게 하면 몇 가지 포인트에 면접관의 시선을 집중시킬 수 있다.

언젠가 면접관이 돼 한 지원자 이야기를 듣는데, 그가 참여했던 프로젝트를 설명하며 계속 '우리'라고 표현하는 게 아닌가. 그래서 물었다. "그럼 지원자는 거기서 무슨 일을 했나요? 어떤 어려움이 있었나요?" 나는 우물쭈물하며 대답하는 지원자를 보면서 그의 이력서를 재검토할 수밖에 없었다.

그리고 경력을 정리할 때는 단순 나열을 하지 않아야 한다. 그랬다가 불합격의 쓴맛을 보기 쉽다. 이럴 때는 'STARE'에 유의하며 정리하자. 또한 이력서에서 'STAR'를 잘 보여 줄 수 있다면 'E'는 면접 때 이야깃거리로 남겨도 좋다. 그럼, 게이밍 모니터 기업에서 전자상거래 채널 마케팅을 담당하는 사람의 이력서를 통해 구체적으로 살펴보겠다.

이력서 원본

- 쓱데이, 빅스마일데이, 십일절, 빼빼로데이, 블랙프라이데이 등 전자상거래 업체에서 대대적으로 추진한 프로모션 기획
- 자사 쇼핑몰의 PVPage View 및 UVUnique Visitor 증가
- e스포츠단과 소통
- 모니터 브랜드 구축

이 이력서는 다음과 같이 수정할 수 있다.

이력서 수정본

- e스포츠단과 계약, 팀 내 스타선수 활용(S)
- LPLLeague of Legends Pro League에서 활약하는 e스포츠단과 소통, 모니터 브랜드 구축(T)
- 쓱데이, 빅스마일데이, 십일절, 빼빼로데이, 블랙프라이데이 등 전자상거래 업체의 판촉 행사일 맞춤 프로모션 기획(A)
- 자사 쇼핑몰의 PV 및 UV 증가, ××만 명에서 ××만 명까지 자사 쇼핑몰 가입 회원 수 증가, 블랙프라이데이 게이밍 모니터 전자상거래 누적판매량 1위 달성(R)

마지막으로 이력서 작성 시 체크리스트를 정리한다. 이력서를 다 쓴 뒤에 이 체크리스트로 평소 놓치기 쉬운 사항을 확인하자.

이력서 작성 시 체크리스트

☐ 기본 정보가 모두 사실이다.

☐ 휴대폰 번호 등 현재 연락처를 정확하게 기재했다.

☐ 지원한 회사로부터 연락을 못 받는 일이 없도록 휴대전화 차단번호를 확인했다.

☐ 이력서의 모든 내용이 채용공고와 관련 있다.

☐ 주요 업무 경험을 STAR 원칙에 따라 작성했다.

☐ 채용공고에서 요구하는 자질이 이력서에 잘 드러난다.

☐ 경력이나 경험을 구체적으로 보여 주는 수치를 적었다.

☐ 이력서의 여러 내용이 너무 많거나 적은 부분 없이 균형을 이룬다.

☐ 이력서의 항목 간 구분이 분명하다. 글자체, 정렬 방식, 문자표, 테두리 등이 적절하다.

❺ 업계와 회사를 알면 알수록

구직 성공률이 올라간다

전혀 다른 업계에서 일자리를 제안받은 경우 어떻게 해야 할까? 서원은 프랜차이즈 헬스장 신규 지점의 점장 자리를 제안받았다. 그는 내가 이전에 알려 준 방법으로 헬스 업계를 조사했다. 먼저 업계 분석 보고서를 두 편 정도 살펴보면서 업계를 대략 파악했고, 친분이 있는 헬스장 점장과 트레이너를 찾아가 구체적으로 점장이 어떤 일을 하는지 알아보고 조언을 구했다. 마지막으로는 신규 지점 위치를 직접 확인했다. 그 지점이 위치한 오피스 빌딩에는 요가 학원, 댄스 교습소, 퍼스널 트레이닝 스튜디오 등이 있어 고객을 유치하려면 치열하게 경쟁해야 할 것 같았다. 본사에서 신규 지점을 특별히 홍보 지원해 주거나 강점이 되는 자원이 없다면 기존 업체들 사이에서 발붙이기가 힘들어 보였다. 서원은 현재 자신의 상황까지 고려한 끝에 최종적으로 헬스장 점장 기회를 포기했다.

이처럼 이직 기회를 얻은 서원은 양질의 정보를 얻기 위해 헬스 업계의 발전 추세와 선발주자들의 현황을 먼저 파악했다. 눈으로 직접 확인하고 현재 자신의 상황에 적용해 보며 종합적으로 따져서 결정을 내렸다. 구직자 대부분이 이런 방식으로 일자리를 구한다면 섣부른 결정으로 실수하는 일은 없을 것이다.

구직을 준비할 때는 '업계, 회사, 직급, 직책'을 조사해야 한다. 이 중 직급과 직책은 회사마다 공개하고 있는 직무설명서나 직무소개서를 공부하면 별문제가 없다. 그런데 막상 업계와 회사를 조사하려고 하면 어디서부터 시작할지 막막하다. 이럴 때 쓸 수 있는 실용적인 방법과 실제 내 경험을 공유하겠다. 이 방법은 내가 컨설팅 전문가에게 직접 배운 것이다.

방법1. 업계 규모와 성장력을 가늠할 만한 객관적 수치를 찾아본다.

만일 여러분이 라이브 커머스 업계에서 일하고 있는데, 인테리어 업계로 이직을 준비 중이라고 치자. 그렇다면 인터넷 검색을 통해 〈2023년 인테리어 업계 분석 보고서〉와 같은 자료를 찾아본다. 권위 있는 경제연구소의 발표 자료, 관련 학과의 논문, 이를 인용한 신문 및 잡지 기사 등도 좋다. 이런 자료를 통해 인테리어 업계 매출 규모를 파악한다. 이를 현재 몸담고 있어 자신이 잘 알고 있는 라이브 커머스 업계의 수치와 단순 비교만 해도 업계 현황을 어느 정도 확인할 수 있다.

방법2. 보편적 컨설팅 모형으로 정보를 분석해 경쟁 상황을 파악한다.

정보를 분류하고 구조화하면 관심 있는 업계 상황을 더욱 빠르고 정확하게 파악할 수 있다. 이때 잘 알려진 보편적 컨설팅 모형과 생각의 도구를 적극 활용하자. 하버드대학교 비즈니스스쿨 마이클 포터Michael Porter 교수의 5세력 모형(업계의 경쟁 강도와 산업의 매력도 분석), BCG 매트릭스(기업의 사업 포트폴리오에 대한 분석과 평가), SWOT 분석(기업의 강점, 약점, 기회, 위기 분석) 등을 추천한다.

방법3. 관련 기업이나 브랜드를 보고서와 자료를 통해 조사한다.

관련 기업의 사업설명서, 연간보고서, 투자보고서, 연구보고서, 증권사 리포트 등을 살펴보자. 예를 들어, 메이크업 시장을 연구하고 싶다면 가장 대표적인 화장품 기업의 사업설명서를 찾아서 업계와 관련한 내용을 읽어 본다. 그리고 대형 증권사가 작성한 해당 기업의 리포트를 살핀다. 그 외에 통계청 등 정부 기관에서 공개한 데이터를 찾아보는 방법도 있다. 이런 툴은 얼마든지 있으므로 필요에 따라 활용하면 된다.

방법4. 업계 종사자를 직접 만나 정보를 얻고 검증한다.

운 좋게 해당 업계에서 일하는 지인이 있다면 직접 만나 자료에서 봤던 정보에 대해 문의하고 진솔한 이야기를 나누어 보자. 만일 지인이 없다면 아는 사람을 통해 업계 종사자를 소개받을 수 있는지 알아본다. 그리고 평소 관심 있던 회사의 오프라인 매장을 방문해 관찰하고 몸소 제품을 체험하는 것도 하나의 방법이다. 이때 여건이 된다면 매장 직원에게 음료수라도 건네며 업무에 관한 이야기를 들어 본다.

지금까지 구직 성공률을 높이는 방법을 살펴보았다. 누군가에게는 너무 거창한 대책을 세우는 것처럼 느껴질지도 모르겠다. 이제 졸업하는 학생이나 취직한 지 1, 2년밖에 되지 않은 직장인이라면 정보를 이만큼이나 찾아볼 필요는

없다. 하지만 지금보다 더 전문적인 능력을 발휘하는 직
책으로 이직하고 싶은 직장인이라면 업계 상황을 이해하
는 것은 기본이며, 여기서 다룬 방법들이 꽤 쓸모 있을 것
이다.

⑥ 회사에 다니면서

면접 준비하기

내 지인들은 내가 어떻게 면접을 준비했는지 안다. 내가 학교 졸업을 앞두고 구직활동을 하고, 직장에 다니며 이직하는 과정을 옆에서 지켜봤기 때문이다. 나는 업계, 회사, 직위를 조사하고 직무설명서를 연구하는 데 그치지 않고, 전형적인 면접 문제들을 공부하며 STARE 원칙에 따라 논리적으로 답변을 준비했다. 이는 이제 막 사회에 발을 들여놓는 사람에게 추천할 만한 가장 이상적인 방법이자 면접 대비 능력을 키우는 기초 훈련이다.

그런데 지금의 나라면 예전과 같은 방법으로 면접을 준비하는 것이 조금 힘에 부칠 듯하다. 사회 초년생 시절에는 온전한 내 시간이 많았지만, 지금은 일도 많은 데다 아이도 있어서 현실적으로 면접 준비에 많은 시간을 할애하기 어렵다. 그런데 최근에는 1차 면접이 끝나면 이튿날 바로 2차 면접을 진행하는 회사들이 있다. 이런 2차 면접의 경우 누구나 면접을 준비할 시간이 절대적으로 부족하다.

그래서 직장에 다니면서 이직을 준비하는 사람은 '어떻게 하면 짧은 시간 내 효율적으로 면접 준비를 끝내고 합격률을 높일 수 있을까' 고민될 것이다. 다음에 소개하는 전략이 부디 도움이 되길 바란다.

1. 쓸데없는 정보에 시간을 뺏기지 않게 정보의 질을 높인다.

〈5. 업계와 회사를 알면 알수록 구직 성공률이 올라간다〉에서 구직을 원하는 업계와 회사 등을 알아보는 방법을 상세하게 다뤘다. 그중 업계의 규모와 발전 가능성을 가늠할 객관적 자료 찾아보기는 기본이었다. 면접을 준비할 때도 이 자료 확인은 필수다. 이때 폭넓게 다양한 내용과 형태의 자료를 찾아보는 것도 좋지만, 시간 낭비 없이 효율적으로 면접을 준비해야 하는 상황이라면 일반 검색엔진보다 특정 툴을 추천한다. 조사하는 업계를 대표하는 사이트, 경제 연구기관 사이트, 논문 검색 사이트, 경제 매체 사이트 등에서 직접 찾아보는 것이다. 각종 보고서가 주로 PDF인 점에

착안해 주요 검색 키워드에 PDF를 포함하는 것도 하나의
방법이다. 이렇게 하면 검색 결과가 한층 좁혀져 정보의 질
이 높아지기 마련이다.

2. 직무를 최대한 구체적으로 파악하고, 헤드헌터에게 정보를 구한다.

채용정보를 헤드헌터로부터 제공받는 경우에는 헤드헌터
가 유능한지 여부가 중요하다. 질문할 때마다 모른다며 직
접 알아보라고 한다든지, 그럴싸한 말로 꾸민다면 정작 헤
드헌터 본인도 추천한 일자리에 대해 잘 모를 가능성이 크
다. 반면 어떤 헤드헌터는 사업 단위Business Unit, 전망, 회사
조직 구조 등 유용한 정보를 여럿 공유하고, 나아가 면접 준
비 방향, 개인의 진솔한 의견까지 제시한다. 이런 헤드헌터
와 함께라면 철저하게 이직 준비를 할 수 있다.

3. 평소에 면접 정보를 꾸준히 관리한다.

나는 면접에 대비해 메모 앱에 파일 두 개를 만들어 두었
다. 하나는 면접에서 자주 묻는 일반적인 질문에 대한 답
을 기록하는 용도다. 여기에는 답을 자세하고 완벽하게 쓰
지는 않고 키워드 정도만 메모한다. 예전 직장에서 일한 경
험, 지금까지 근무하며 겪은 가장 큰 시련, 내 강점과 약점

등을 키워드로 써 놓는 것이다. 그리고 평소 틈틈이 삭제, 수정, 보완하며 다듬고, 입에서 술술 나오도록 연습한다.

다른 하나는 목표하는 업계, 기업, 직위와 관련한 정보를 기록하는 용도다. 업계 정보, 보고서, 비즈니스 모델, 재무 상황, 경쟁 제품, 목표 직위에서 내 경험을 살리는 방법 등을 기록한다. 면접이 잡히면 급하게 다른 자료를 찾을 필요 없이 준비된 기록을 읽으며 머리에 새긴다.

4. 그 직위에 필요한 능력들을 예측하고 사전에 대응한다.

회사는 채용공고를 내기 전에 먼저 내부적으로 그 직책을 수행하는 데 가장 중요한 자질이 무엇인지를 고려한다. 팀장을 뽑는다면 지원자에게 통솔력, 업무 수행 능력, 체계적인 방법론 등이 있는지 살필 것이다. 구직자는 이런 상황을 예측하고 사전에 대응책을 마련해야 한다.

면접관이 "회사생활 하면서 언제 가장 큰 성취감을 느꼈습니까?"라는 질문을 했다고 하자. 면접관은 어떤 대답을 듣고 싶어 하는 걸까? 사실 이럴 때 면접관은 단순히 지원자가 업무적으로 중요하게 생각하는 부분을 파악하려는 것뿐이다. 지원자가 "조직력을 발휘해 팀과 힘겹게 업무를 완수했을 때입니다"라고 대답한다면, 면접관은 지원자를 리더십이 강한 사람이라고 평가할 것이다. 혹은 지원자가 "난관을 극복하고 까다로운 임무를 완수했을 때입니다"라고 말한다면, 지원자를 목표의식이 강한 사람으로 판단할 것이다. 그러므로 면접을 준비할 때 그 직책에 가장 필요한 능력과 자질을 생각해 보고 자기 경력 중에 무엇을 보여 줄지 정한다.

5. 면접에서는 자신을 솔직하게 보여 준다.

면접은 회사와 구직자가 서로 감별하는 과정이다. 꾸준히 나를 어필하는 것은 좋지만, 면접관에게 잘 보이려고 애쓰거나 속여서는 안 된다. 야근을 못 견디는 사람이 일단 합격하기 위해 면접에서 얼마든지 야근할 수 있다고 말한다면 나중에 어떻게 될까? 혹시라도 야근 탓에 도중에 일을 그만둬야 하는 상황이 생기면 회사와 본인 모두에게 손해다.

　　예전에 나는 면접에서 "싫어하는 기업 문화가 무엇입니까?"라는 질문을 받은 적이 있다. 이에 "형식적이고 무의미한 야근과 비효율적인 회의입니다"라고 솔직하게 답했다. 그러자 면접관이 오히려 나를 좋게 보았다. 회사든 구직자든 서로 맞아야 오래 같이 갈 수 있다. 그리고 구직자는 솔직한 모습을 보여야 역으로 나와 맞지 않은 회사를 걸러 낼 수 있다.

6. 지원 동기는 자기 생각부터 확실히 정리해야 제대로 말할 수 있다.

지원 동기를 묻는 말은 면접에서 필수로 나온다. 난이도가 높은 질문은 아니지만 의외로 대답을 잘 못해서 면접 합격률을 떨어뜨리는 사람이 많다. 특히 직종을 바꾸거나 이직이 잦은 사람, 경력에 비해 이직 경험이 너무 적은 사람에게는 면접관이 틀림없이 꼬리에 꼬리를 무는 '킬러' 질문들을 던질 것이다.

직종을 바꾼 지원자에게 면접관이 자주 하는 질문

▸ "왜 업종을 바꿨습니까?"

▸ "충분히 생각하고 결정했습니까?"

▸ "앞으로 부딪힐 수 있는 문제들을 알고 있습니까?"

이직이 잦은 지원자에게 면접관이 자주 하는 질문

▸ "이번에는 오래 다닐 수 있습니까?"

▸ "예전 직장과 이 회사는 어떤 점이 다르다고 생각합니까?"

▸ "어떤 상황일 때 다시 이직하겠습니까?"

이직 경험이 없거나 적은 지원자에게 면접관이 자주 하는 질문

▸ "한 직장에 오래 다녔는데 이번에는 왜 이직하려고 합니까?"

▸ "새로운 환경에 적응할 수 있습니까?"

▸ "고강도 업무와 속도에 적응할 수 있습니까? 어떻게 증명하겠습니까?"

면접관이 캐묻는 과정에서 지원자가 충분히 생각하지 않았거나 대비가 미흡해서 주춤하면, 면접관은 지원자의 성의가 부족하거나 지원 동기가 불확실하다고 생각한다. 그러므로 사전에 예상 질문에 대한 답변을 성실히 준비해 두자.

분명히 면접관과 대화가 잘 통했는데 왜 최종면접에서 떨어졌는지 모르겠다는 사람이 꽤 많다. 막상 그들에게 면접 상황을 세밀하게 되짚는 질문을 해 보면, 면접관이 지원 동기와 관련한 질문을 여러 차례 던지면서 물고 늘어졌다는 대답을 듣게 된다. 바로 그 점이 면접에서 탈락한 주된 원인일 것이다. 면접관이 지원자의 지원 동기를 납득하지 못한 것 말이다.

예전에 구직활동 중 내게 업무 리듬과 부담에 관해서 끊임없이 질문하던 면접관이 있었다. 이에 나는 구체적인 사례로 답했다. 이전 직장에서 프로젝트를 할 때 세부 내용을 따라잡으려고 밤낮없이 일한 이야기를 꺼냈다. 그랬더니 면접관이 더 이상 캐묻지 않았다. 이 경험으로 나는 어떤 질문에든 면접관이 충분히 납득할 수 있게 대답해야겠다는 교훈을 얻었다.

그러려면 평소 자기 생각과 향후 계획을 확실하게 정리해 두는 게 좋다. 면접 때 이와 함께 사례 한두 가지를 제시하면 더 설득력 있고 효과적이다. 내 친구의 경험을 들려주면, 기존 업계를 떠나 새로운 업계에 진출하기를 원한 친구는 면접에서 자신이 이 업계를 얼마나 동경해 왔는지 열정적으로 강조했다. 그러나 결과는 불합격이었다. 면접 때 이야기를 상세히 들어 보니, 친구에게는 열정을 구체적으로 뒷받침할 만한 근거가 부족했다. 그 후 친구는 몇 개월 동안 해당 업계와 관련한 자격증을 따는 데 전념했고 비록 초급 수준이기는 하지만 자격증을 땄다. 그러자 얼마 뒤 참여한 면접 자리에서는 면접관이 친구의 진정성을 믿어 주었다. 이처럼 말만 하는 것보다 실질적으로 어떤 증거를 보여 주는 것이 훨씬 설득력 있다.

7. 면접 내용을 기록하고 회고하며 전략을 개선한다.

면접은 나의 경험을 끊임없이 복기하고 나를 더 깊이 이해하며 다른 사람에게 정보와 피드백을 얻고 나의 시장경쟁력을 이해하는 과정이다. 면접 내용은 우리가 면접 방향을 조정하는 데 도움을 주는 귀중한 정보다. 예를 들어 보자. 여러분은 프로젝트 A라는 경력이 자신의 경쟁력을 보여 준다고 생각했지만, 1차 면접 자리에서 면접관은 프로젝트 B에 더 관심을 보였다. 이런 상황에서는 2차 면접을 준비할 때 프로젝트 B에 시간을 더 할애해 면접 전략을 개선하는 것이 효과적이다. 이직에 성공하지 못하더라도 면접 경험은 향후 업무 방향을 조정하거나 다른 회사에 지원할 때 중요한 참고 자료가 된다. 그러니 면접 후에는 면접 내용을 반드시 기록하자.

이런 방법들을 총동원한 덕분에 나는 수년 만에 이직을 준비할 때 어떤 예열이나 적응 과정 없이 금세 취업 모드로 전환할 수 있었다. 그 결과, 지원한 회사 세 곳에서 모두 채용 통지서를 받아 면접 합격률 100퍼센트를 달성했다.

　　만약 여러분이 면접 방식과 스킬을 개선하고 싶다거나 구직 경험이 적어서 면접에 자신이 없다면 기본적인 면접 준비를 마친 뒤에 내가 소개한 방법까지 추가로 익히기를 권한다. 이 방법들이 면접을 준비하고 면접 성공률을 높이는 데 도움이 됐으면 좋겠다.

❼ 다른 업계로 이직할 때

원하는 연봉 받는 법

서준의 회사는 복지가 좋은 편이지만 초봉이 업계 평균보다 훨씬 낮았다. 이직하고 싶어 채용정보를 알아보던 서준에게 헤드헌터와 이직 희망 회사의 HR은 현재 연봉에서 최대 20퍼센트밖에 인상할 수 없다는 의견을 제시했다. 사실 이직 시 20퍼센트 급여 인상은 해당 업계에서 일반적인 수준이었지만 서준은 어쩐지 손해 보는 느낌이었다. 이미 업계 평균보다 한참 낮은 연봉인데, 거기서 20퍼센트만 인상하는 것이 썩 공평하지 않아 보였다. 왜 회사는 업계 평균을 기준으로 연봉을 제공하지 않을까? 왜 이전 직장 연봉을 기준으로 삼을까?

물론 모집 직급의 채용 예산 범위를 넘지 않는 한 연

봉을 좋게 협상해 주는 회사도 있다. 하지만 회사는 대체로 비용을 따지기 때문에 기왕이면 적은 연봉으로 적임자를 뽑고 싶어 한다. 이전 직장을 기준으로 연봉을 산정하는 것은 다소 무성의한 듯하지만, 인사 담당자 입장에서는 업무상 본인 과실을 방지하는 방법이 될 수 있다. 만약 지원자의 원천징수영수증에 적힌 금액과 입사 시 받을 수 있는 급여의 금액 차이가 크면 인사 담당자는 예산 범위를 넘지 않는 금액이라도 회사에 절차대로 보고해야 한다. 그러므로 적임자를 찾기 어렵거나 급하게 채용하는 경우가 아니라면 최대한 그런 상황이 생기지 않게 하려는 것이다.

이외에도 서준이 기존 급여에서 20퍼센트 인상이 최선이라는 피드백을 받은 데는 몇 가지 원인이 있을 수 있다.

1. 면접 전이라면 이력서에 문제가 있다.

서준은 자기 경력을 다시 검토하고 채용공고와 직무설명서를 면밀하게 연구해야 한다. 그리고 면접 전까지 면접 능력을 최대한 끌어올린다.

2. 이력서는 통과했으나 돋보이는 경력이 부족하다. 회사는 연봉을 올려서까지 서준을 뽑을 강력한 이유가 없다.

이런 경우 자신의 경쟁력을 다시 한번 검토한 뒤 가장 탁월한 점이 돋보이도록 이직 방향을 조정한다. 서준이 지원했던 회사는 국내 온라인 커머스 업체였는데, 서준은 다시 생각해 보고 외국계 온라인 커머스 업체로 방향을 전환했다. 준수한 영어 실력을 활용하기로 한 것이다. 이렇게 자기 강점을 부각하고 기회의 폭을 넓히는 것도 좋은 해결책이다.

3. 이미 1차 면접을 통과했다면 경쟁자가 많은 상황일 수 있다. 회사 입장에서는 서준이 유일한 선택지가 아닌 것이다.

그렇다면 서준은 2차 면접을 단단히 준비할 필요가 있다. 특히 자신이 다른 지원자와 어떤 차별점이 있는지를 부각시켜야 한다.

4. 채용 담당자는 연봉을 20퍼센트만 인상해도 서준이 입사할 거라고 생각하고 있다.

채용 담당자는 회사보다 서준이 더 아쉬운 입장이라고 판단한 것이다. 만약 이런 상황이라면 지원한 회사가 기존 회사보다 서준이 성장할 수 있는 더 좋은 기회일 가능성이 크다. 그러므로 일단 이견을 조율해 이직한 다음 경험을 쌓고, 이를 발판으로 삼아 연봉을 높여 다시 이직하는 방법도 괜찮은 선택이라고 할 수 있다.

¶

서준의 사례처럼 기대보다 낮은 연봉을 제안받았을 때 어떻게 하면 좋을지, 몇 가지 사례를 더 들어 보자.

얼마 전 이직한 내 친구 이야기다. 서준과 마찬가지로 이 친구도 초봉이 매우 낮은 회사에서 경력을 쌓았다. 그래도 업계의 선두주자인 회사였다. 이번에 친구는 일반 대기업에 지원했는데, 대기업이라 높은 연봉을 기대했지만, 이력서 통과 후 귀뜸 받은 연봉은 기대보다 낮았다. 그래서 친구는 대기업 면접도 꼼꼼히 준비하는 동시에, 다른 회사도 알아보았다. 결국 친구는 대기업 면접에 합격했고, 특히 입사하면 직속 상사가 될 팀장이 친구의 입사에 열의가 크다고 했다. 마침 친구는 다른 회사 면접에도 합격한 상황이어서 협상의 여지가 넓어졌다. 손에 쥔 채용 통지서가 많으면 회사가 아니라 지원자에게 선택권이 넘어간다. 결국 친구는 대기업 팀장에게 다른 채용 통지서를 어필하는 노력 끝에 연봉을 60퍼센트 올리고 스톡옵션도 받게 되었다.

지원자 입장에서 시도해 볼 수 있는 또 하나의 방법은

이력서나 1차 면접에서 구체적으로 언급하지 않다가 2차 면접이나 합격 통지를 받은 후 연봉 이야기를 꺼내는 것이다. 1차 면접에서는 자신이 생각해 둔 연봉을 직접 드러내지 말고 회사 측에 고려하는 연봉 범위를 물어본다. 만일 회사 측에서 연봉에 대해 질문하면 "제 연봉도 그 범위 안에 있습니다" 정도로 대답한다. 이렇게 하면 채용 과정 전반기에 경쟁력을 가지면서, 회사가 채용자의 연봉에 대한 예산 범위를 넓게 정하도록 할 수 있다. 하지만 이 방법을 사용하려면 상황에 대해 정확한 판단을 내려야 한다.

그 밖에 시간과 힘을 더 들여야 하는 간접적인 해결 방법도 있다.

① 연봉 인상 폭이 크지 않다 하더라도 이직하지 않고 지금 직장에서 승진하기 위해 노력한다. 사람들은 대개 회사 내부 승진이 어렵다고 여긴 나머지 차라리 이직을 꿈꾼다. 만일 회사 내부 승진에서 두각을 나타낼 수 있다면 정말로 본인의 가치를 증명한 것이나 다름없다.

② 이직을 결심했다면 눈앞에 있는 여러 기회 중에서 규모가 큰 회사를 선택한다. 지금은 인상 폭이 작더라도 대기업에서 일한 경력은 추후 이직할 때 연봉 인상 폭을 더욱 키워 주기 마련이다.

❽ 연봉 협상에 관한

여섯 가지 질문과 답

몇 년 전 내가 이직 준비할 때 이야기다. 면접이 끝나고 인사 담당자가 회사에서 지급할 수 있는 최대 금액을 제시하며 내게 연봉 협상을 제안했다. 그 당시에 나는 다른 회사 면접을 앞둔 터라 나중에 다시 이야기하자고 답했다. 며칠 뒤 연봉 협상을 제안한 첫 번째 회사는 헤드헌터를 통해 내가 두 번째 회사 면접을 통과했다는 소식을 듣고 이전 연봉안에서 20퍼센트를 더 주면 입사할 의향이 있느냐고 다시 물었다.

심리 게임처럼 연봉 협상에서는 손에 쥔 패가 많으면 더 좋은 결과를 얻을 수 있다. 선택지가 늘수록 마음에 여유까지 생긴다. 그러니 이직으로 연봉을 올리고 싶을 때는 굳이 한 가지 기회만 노릴 필요가 없다. 여러 회사의 채용 정보를 살펴보면서 시장 상황과 자기 경쟁력을 파악한 뒤 최선의 것을 선택한다.

연봉 협상에서는 다음 몇 가지 문제를 주의해야 한다.

1. 이직 시 연봉 인상 폭은 어느 정도일까?

이직 시 연봉 인상 폭은 업종별로 다르다. IT 분야에서는 최대 30퍼센트까지 연봉이 인상되기도 하며, 일반 사무직은 10퍼센트 내외로 인상되기도 한다. 그러므로 자신이 속한 분야의 이직 시 일반적인 연봉 인상 폭을 미리 조사해 두자. 이 같은 연봉 인상은 이직 리스크에 대한 보상으로 볼 수 있다. 그런데 때로는 연봉이 오히려 낮아진다. 나는 연봉을 낮춰 이직하는 것은 추천하지 않지만 업종을 갈아 탔다면 이야기가 다르다. "전업하면 3년은 배고프다"라는 말이 있는데, 보통은 이전보다 직위가 낮아지기 때문이다.

2. 이직하려는 회사의 인사 담당자가 "받고 싶은 연봉이 얼마입니까?"라고 직접 물어보면 어떻게 대답해야 할까?

섣불리 속내를 드러내서는 안 된다. 이럴 때는 역으로 물어봐서 회사가 생각하는 연봉 수준을 알아낸다. 물론 사전에 업계 평균 연봉과 이 회사의 연봉에 대해 최대한 알아보고 현재 연봉을 참고해서 받고 싶은 연봉을 정해 놓는다.

3. 어떤 상황이면 연봉 인상이 없는 이직을 받아들일 수 있을까?

회사가 좋거나 장기적으로 경력 개발에 유리하면 현재와 같은 연봉으로도 이직을 결정할 수 있다. 대개 다음과 같은 상황이다.

연봉 상승 없는 이직을 감수할 수 있는 상황

❶ 오랫동안 업종 전환을 고민했다.

❷ 계속 중소기업에 있다가 대기업으로 가려고 한다.

❸ 회사 규모는 비슷하지만 일의 권한과 책임이 커진다.

❹ 직급이 생기거나, 직급이 한 단계 높아진다. 지금까지 혼자 일하는 자리에 있었다가 이직하면서 팀장이 되거나, 팀장에서 본부장이 되거나 하는 경우다.

4. 연봉 협상에서 헤드헌터의 도움을 받을 수 있을까?

헤드헌터가 있다면 업종, 직위, 직급 등을 모두 고려한 연봉 범위를 물어볼 수 있다. 나름대로 따로 연봉 관련 정보를 찾아보되, 전문가인 헤드헌터의 정보도 알아 둔다. 그리고 채용 통지를 받으면 그동안 수집한 정보를 토대로 연봉 협상에 나선다.

5. 연봉 협상의 핵심 포인트는 무엇일까?

이직할 회사가 손에 쥔 다른 패가 있는지 없는지가 관건이다. 인터넷이나 앱에서 연봉과 관련한 여러 상황을 파악하자. 헤드헌터가 있다면 이런 질문을 해서 최대한 정보를 수집한다.

연봉 관련해 헤드헌터에게 질문해야 할 것들
‣ 급하게 채용하는 상황인가?
‣ 전임자는 무슨 이유로 그만두었나?
‣ 얼마나 오랫동안 공석이었나?

6. 연봉 정보에서 주의할 사항은?

연봉 외에 입사 시 받는 혜택도 확실하게 물어보자. 연말 상여금이 있다면 얼마나 되는지, 만으로 몇 년이 돼야 스톡옵션을 받을 수 있는지, 입사 보너스는 기간을 어떻게 나눠서 지급하는지 등 특히 금전적인 혜택은 확실히 체크한다. 이외에 입사자에게 제공되는 복지도 알아본다. 자녀 학자금 지원, 가족 건강검진 제공, 회사 휴양시설 이용, 경조사 지원, 문화비와 교육비 지원 등 혜택이 쏠쏠한 회사가 많다.

마지막으로 연봉 협상에 이르렀어도 지금 다니는 회사를 섣불리 그만두지 말라고 거듭 강조하고 싶다. 무직 상태면 심리적으로 불안해져 연봉 협상 때 손해 보는 조건을 받아들이기 쉽다.

제2장 경력 개발:

장기적인 관점으로 내 일을 바라보기

❾ 직장생활에도

생 애 주 기 가 있 다

내가 만난 30세 이상 직장인 중 여럿이 지금까지 해 온 일이 적성에 맞지 않는다는 것을 깨달아 이직을 희망했다. 하지만 판단이 조금 늦은 바람에 그들은 이직을 위해 엄청나게 노력해야 했다. 이들을 보며 생각했다. '사전에 슈퍼의 이론을 공부했더라면…….' 그랬더라면 일찌감치 직업 탐색부터 제대로 했을 것이다.

이제부터 진로발달과 경력 개발에 대해 이야기하려 한다. 이 분야를 대표하는 이론을 발표한 사람은 저명한 경제학자인 엘리 긴즈버그Eli Ginzberg와 심리학자인 도널드 슈퍼Donald Super다. 이 중 슈퍼의 이론은 긴즈버그의 이론과 연령 구분이 다르고, 취업 및 퇴직과 관련한 내용을 추가해서 직

장인에게 한층 유용하다. 이런 이유로 여기에서는 슈퍼의
이론을 중점적으로 소개하겠다(표2-1). 이론을 통해 시기
별로 어떤 과제, 목표, 주안점이 있는지 이해하면 평생 진
로와 경력을 관리하는 데 도움이 될 것이다.

먼저 슈퍼의 이론이 1953년에 발표됐다는 점을 짚고
넘어갈 필요가 있다. 그만큼 이론의 연령 구분이 지금과 맞
지 않을 수 있지만, 이 점을 제외한 진로 단계별 특징과 발
달 과제는 여전히 참고할 만한 가치가 있다.

표2-1 / 슈퍼의 진로발달 이론

단계	성장기 0~14세	탐색기 15~24세	확립기 25~44세	유지기 45~64세	쇠퇴기 65세 이후
키워드	성장	탐색	결정	유지	쇠퇴
단계별 특징	자아 개념의 점진적 발전	자아 탐색, 역할 탐색, 직업 탐색 22~24세: 잠정적으로 직업을 선택하고 장기적인 가능성 탐색	적합한 분야 확정 25~30세: 시험하고 확립하는 시기 31~44세: 안정적으로 일하고 승진하는 시기	안정적인 성과, 창의력 감소, 도전에 대처	은퇴, 상실감을 채울 수 있는 다양한 방법 모색 65~70세: 업무 속도 둔화 70세 이후: 겸직이나 여가활동에 몰두
발달 과제	직장에 대한 흥미 발달, 일의 의미 이해	직업 선호도 실현, 주특기 개발	견실한 성장, 타인과 관계를 형성하는 방법 학습, 전문성 신장, 승진 루트 발견, 안정적인 미래 수립	자신의 한계 수정, 신기술 개발, 전문 분야 성과 유지, 미래를 위한 준비	직업 성격의 역할 개발, 충분한 휴식 시간, 취미 개발 학습

슈퍼의 이론에 따르면, 진로발달 단계마다 과제가 제시되며, 이를 해결해야 우리는 다음 단계로 나아갈 수 있다. 그리고 가능하면 30세 전에 직업을 탐색하고 나라는 사람을 이해해야 전보다 더 성장한다. 이 점을 알아 두고 직업을 선택할 때, 조직에서 능력을 키워 성장할 때, 관리자로서 능력을 발휘할 때, 퇴직 이후의 삶을 계획할 때 등 단계마다 부딪힐 수 있는 문제에 대비하자. 앞으로 만날 여러 위기를 충분히 이겨 낼 수 있을 것이다.

그 밖에 직장에서 단계별로 어떤 능력을 갖춰야 경력 개발에 도움이 될까? 내가 관찰하고 취재한 결과를 종합해서 내린 결론은 다음과 같다.

단계별 주요 경쟁력

❶ 갓 입사했을 때 : 학습 능력, 노력의 정도, 체력, 추진력

❷ 중간 관리자일 때 : 정책 결정 능력, 관리 능력, 전문성, 경험

❸ 고위 관리자일 때 : 통찰력, 리더십

경력 개발에 관심을 갖고 적극적으로 기회를 찾는 것은 정말 중요하다. 하지만 이와 정반대로 행동하는 사람도 많다.

하늘에서 기회가 뚝 떨어지기를 기다리거나, 남이 내게 괜찮은 일을 배정해 주기를 기대거나, 사장이 알아서 나를 승진시키고 연봉을 올려 줄 거라 맘대로 생각한다. 내 성장을 남에게 맡기는 이런 태도는 진로발달을 가로막는 가장 큰 장애물이다.

❿ 커리어 관리에서 발생하는

세 가지 문제

직장생활 관련 수백 명과 상담을 진행하면서 나는 꾸준히 상담일지를 써 왔다. 하루는 상담일지를 살펴보다가 공통된 문제를 호소한 사람들이 많다는 걸 알았다. 주로 다음 세 가지였다.

1. 방향과 목표가 없다.

2. 방향과 목표가 있지만, 어떻게 접근하고 실현해야 하는지 모른다.

3. 단계별 목표를 달성했지만, 다음 단계에서 바로 난관에 부딪혔고 어떻게 대처해야 할지 모른다.

각 유형마다 구체적인 문제점과 해결방안을 정리했다. 부디 많은 사람이 여기서 문제를 풀 실마리를 얻었으면 좋겠다.

---

1. 방향과 목표가 없다.

내게 A라는 일과 B라는 일 중에 어떤 것을 선택할지 묻는 사람이 많다. 그런데 A와 B가 전혀 다른 일이거나, 심지어 선택지가 C, D, E, F, G까지 있는 사람도 있었다. 특히 "기업에 취직할까요? 아니면 시험 공부를 해서 공무원이 돼야 할까요?"라는 질문은 졸업 예정자 혹은 졸업한 지 1, 2년밖에 안 된 사회 초년생의 단골 질문이다.

나는 이런 질문에 곧바로 대답하지 않고 되묻는다. "스스로 진로 방향과 목표를 고민해 봤나요?"라고 말이다. 이 문제를 고민하지 않은 사람도 있고, 고민해 봤지만 답을 찾지 못한 사람도 있었다. 여기에는 여러 이유가 있을 것이다. 무엇이든 마음 가는 대로 하는 성격이라 오래 고민하지 않는다든지, 과잉보호하는 가정에서 자라 어른들이 준비해 둔 단계별 플랜이 있다든지, 관심 분야가 너무 넓어서 뭘 선택할지 모르겠다든지, 주변의 영향을 크게 받는 스타일이라 어떤 사람이 A가 좋다고 하면 A를 선택하고 B가 좋다고 하면 B를 선택해 왔다든지…….

원인 이 유형이 겪는 문제는 하루아침에 생긴 성향에서 비롯된 것이 아니다. 더구나 가족, 친구 등의 영향을 쉽게 받는다. A와 B 중에 무엇이 자신의 목표에 더 가까워지는 선택인지를 고려하지 않는 안타까운 경우다.

예상리스크 이 유형은 어찌어찌해서 구직에 성공했다 해도 앞으로가 험난하다. 성격이나 기질상 줏대 있게 직장생활을 해 나가지 못하기 때문이다. 목표를 뚜렷하게 세운 다음 열심히 달려가는 동기들에 비해 열정과 의욕이 떨어지고, 업무 결과까지 안 좋을 수 있다.

해결방안1 목표는 경력 개발의 나침반과 같다. '연봉, 직급, 할 수 있는 일'처럼 단기 목표라도 정한다. 일단 정하고, 아니다 싶으면 중간에 목표를 수정하면 된다. 만약 '5년 안에 팀장 되기'가 단기 목표라고 하자. 그러면 어떤 선택지가 주어졌을 때 A와 B라는 기회 중에 어느 쪽이 목표를 실현하는 데 유리한지 판단할 수 있다. A가 달성하기는 쉬워도 얻는 것이 별로 없고, B는 초반에 시간은 좀 걸리지만 얻는 것이 많다는 식으로 파악될 것이다. 그러면 목표를 그대로 달성해 나가는 것과 수정하는 것 중 하나를 선택할 수 있다.

해결방안2 목표를 이루는 과정에서 자신의 결정에 영향을 주는 사람이 누구인지 파악한다. 나는 상담을 의뢰한 사람에게 "결정을 내릴 때 가족의 의견과 본인의 생각 중 어느 쪽이 더 중요한가요?"라고 물어본다. 만약 내 질문에 "가족"이라고 답한 사람이 가족과 상반된 목표를 가지고 있다고 가정해 보자. 그렇다면 충분히 대화해서 가족을 설득하거나 아니면 자신이 세운 목표를 일부 수정하도록 한다. 이 유형은 성향상 이렇게 해야 마음이 안정되어 다른 일도 도모할 수 있다.

2. 방향과 목표가 있지 만
어떻게 접근하고 실현해야 하는지 모른다.

이 유형에는 다양한 사례가 포함된다. 이직하고 싶지

만 이직할 수 있을지 확신하지 못하는 사람, 대기업에 가고 싶지만 실패할까 봐 두려운 사람, 다른 분야의 새로운 기술도 배우고 싶고 현재 회사를 계속 다니며 승진해 높은 연봉도 받고 싶은 사람…….

원인 이 유형은 정보를 수집하고 선별하는 능력에 한계가 있거나 취득한 정보를 다음 단계에서 적절하게 반영할 줄 모른다. 다양한 수단을 활용하지 못하거나 진득하게 버티지 못한다. 실제로는 능력이 뛰어난 사람이어도 자기 능력을 인정하지 않거나 저평가한다. 그리고 주변에 성공한 사례가 별로 없거나, 성공 사례가 있어도 알아채지 못한다.

예상리스크 이 유형은 앞서 지적한 원인 탓에 잘못된 방법으로 일을 처리하는 편이고, 업무 성과가 좋지 않다. 장기적으로 승진을 못 하거나 유의미한 성과를 거두지 못한다. 끝없는 자기 회의에 빠지기 쉽다.

해결방안1 폭넓은 시각에서 객관적으로 자신을 평가해야 한다. 혹시 업무에서 발생한 문제를 지나치게 자신 탓으로 돌리는 경향이 있지 않은가? 합리적으로 문제의 원인을 규명해 보자. 외부 원인과 내부 원인을 확실하게 구분하고, 스스로 공격하는 일을 삼가자.

해결방안2 착실하게 정보를 수집하고 정리해서 본인의 상황에 맞는 실행 계획을 세운다. 여기에서 정보는 인터넷에서 얻은 정보, 관계자와 나눈 면담 내용 등을 포함하며, 계획은 반드시 실행할 수 있을 만큼 구체적이어야 한다. 그리고 첫술에 배부를 생각은 접고 이를 꾸준히 실천하자.

해결방안3 작은 성과를 차곡차곡 쌓으면서 목표 달성까지 얼마나 남았는지를 자주 체크한다. 행동하지 않으면 아무것도 달라지지 않는다.

3. 단계별 목표를 달성했지만
다음 단계에서 바로 난관에 부딪혔고
어떻게 대처해야 할지 모른다.

이 유형은 지금까지 운이 좋은 편이라 성공한 경험이

쌓였고 자신감도 차올랐다. 하지만 금세 새로운 문제에 부딪히기 쉽다. 예를 들면 관리자가 됐는데 관리 경험이 전혀 없어 헤맨다든지, 승진했지만 예전보다 훨씬 어려운 일을 처리하게 됐다든지, 정책 결정을 제대로 하거나 인력을 균형 있게 배치하면 그런대로 처리할 수 있는 일도 어려워한다든지 하는 것이다.

원인 이 유형은 그동안 쌓아 둔 지식도 없고 경험도 부족하다. 자신의 직위나 직급에 맞는 실력을 갖추지 못한 것이다. 그뿐만 아니라 실력을 끌어올릴 방법을 어떻게 찾아야 할지조차 영 모른다.

예상리스크 '피터의 원리'는 위계 조직의 승진 제도가 갖는 허점을 지적하는 이론이다. 조직은 어느 직위든 적합하게 보이는 사람을 승진시켜 앉히는 데 익숙하다. 그래서 어떤 사람은 자기 능력을 넘어서는 직위까지 승진하기도 한다. 하지만 감당할 수 없는 자리에 앉게 된 사람은 더 이상 성장하지 못할뿐더러 각종 업무와 문제를 제대로 해결하지 못해 난감한 상황에 빠지기 십상이다.

해결방안1 새로운 분야의 지식을 빠르게 배운다. 먼저 그 분야의 참고 서적을 살펴보고, 부족한 업무 역량을 높여 줄 수업이 있는지도 찾아본다.

해결방안2 일하면서 새로 배운 지식을 내 것으로 만든다. 예전에 썼던 방법을 고수하면 안 된다. 이전에 없던 상황을 마주하는 것이기 때문에 예전에 유용했던 방법이 미래에도 효과적일 것이라는 보장이 없다.

해결방안3 실력 있는 선배에게 조언을 얻는다. 일 처리가 뛰어난 사람들을 찾아가 노하우를 배운다. 이 방법이 혼자서 '맨땅에 헤딩'하는 것보다 훨씬 효과적이다.

이 세 가지 유형 외에, 중요한 선택을 무작위로 내리는 사람도 꽤 많았다. 그게 얼마나 잘못된 것인지 인지하지 못한다면 안타깝게도 대충 결정하는 실수를 반복할 수밖에 없다. 또한 마치 내게 자신이 내린 결정을 인정받고 싶어 하는 듯한 사람도 많았다. 아마도 자기 확신이 부족해서가 아닐까 싶다.

이런 사람들에게 나는 여러 도구와 방법을 활용해 미

처 몰랐던 습관적인 사고의 틀을 깨닫고 못 보던 것을 보게 하거나 강점을 찾게 도와준다. 그럴 때 내가 자주 하는 말이 있는데 여러분에게도 들려주고 싶다. "사실 당신은 이미 답을 알고 있어요."

⓫ 이런 이직도 있다!

사내 부서 이동

나는 이직 상담을 청하는 사람들에게 묻곤 한다. "회사에서 부서를 옮길 기회가 있나요?"라고 말이다. 특히 외국계 기업이나 인터넷 기업에 재직 중이라면 가능한 일이기에 꼭 물어본다.

부서 이동은 이직보다 위험이 적고 근무 환경도 익숙해서 전혀 다른 직위로 옮긴다고 해도 비교적 빨리 일을 배우고 적응할 수 있다. 또 한 가지 장점은 부서 이동이 이직에 비해 경험이 부족한 사람을 새로운 직위에 받아들일 가능성이 크다는 것이다. 더구나 외부에서 구인하는 것이 순조롭지 못한 상황이라면 인사 담당자도 타 부서 직원이 적극적으로 부서 이동 의사를 밝혀 오는 것을 좋게 평가할 확률이 높다.

대기업은 대체로 부서 이동 체계가 잡혀 있어 규정이 명확하다. 예를 들면 지난해 실적이 얼마 이상이어야 한다든지, 현재 부서의 상사가 반대하면 불가능하다든지, 모집 중인 직위의 직속 상사가 직접 구인에 나서면 안 된다든지, 외부 후보자가 있다면 내부 후보자와 공평하게 면접을 치러야 한다든지, 정해진 규정들이 있다. 반대로 생각하면 이 규정만 잘 지키면 부서 이동이 가능하다는 말이다.

다만 부서 이동에서 아쉬운 점은 연봉에 큰 차이가 없을지 모른다는 것이다. 이직하며 연봉이 인상되는 것을 기대했다면 사내 내규를 꼼꼼히 살펴보고 연봉 인상에 관해 인사 담당자와 논의해 보자. 만약 이직하려던 이유가 기업 문화와 환경이라면 본인을 힘들게 한 문제와 단점은 다른 부서로 이동해도 여전히 피할 수 없다. 정리하자면, 사내 부서 이동은 다른 분야에서 경험을 쌓고 싶은데 지금 다니는 회사가 전체적으로 괜찮아서 회사를 옮기지 않아도 되는 사람에게 적합하다.

그런데 여러분은 회사에 왜 부서 이동 제도가 있는지, 심지어 부서 이동을 장려하는 기업 문화가 있는지 생각해 본 적이 있는가?

내 주변에는 부서 이동을 감행한 동료가 적지 않다. 그중에는 업무 성격이 비슷한 부서로 옮긴 경우도 있고, 전혀 다른 부서로 옮긴 경우도 있다. 외국계 기업 문화가 대개 이런 식이다. 외국계 기업에서 8년, 10년 일했다고 하면 한자리에서 꾸준히 일하는 사람으로 생각하기 쉽지만 사실 그동안 여러 직무를 경험한 경우가 많다. 판매와 홍보 업무를 두루 해 본 사람도 있고 HR, 프로덕트 매니저를 거쳐 프로젝트 매니저로 일한 사람도 있다.

부서 이동 문화는 인사 채용 비용을 줄여 주고 능력 있는 인재를 회사에 붙잡아 두기 때문에 회사 입장에서도 유리하다. 지금 있는 자리에서는 성장할 기회가 없는 것 같아서 이직을 바라던 사람이더라도 직위를 바꾸고 적은 위험 부담으로 새로운 분야의 경험을 쌓게 되니, 아예 회사를 옮기겠다는 생각을 접을 가능성이 높다.

¶

그렇다면 사내에서 부서 이동을 선택했을 때 개인의 진로 발달에는 어떤 영향이 있을까? 여기에서는 격자형 진로발달 개념을 적용하면 적절하겠다(그림2-1).

전통적인 진로발달은 '피라미드형'으로 한 층씩 올라
가는 단방향 통로다. 정상에 오르는 길이 한 가지 방법밖에
없었다. 그런데 '격자형'은 사방으로 통하는 구조라서 정상
에 오르는 방법이 다양하다. 암벽 타기를 하듯 가장자리 돌
을 밟고 위로 올라갔다가 원래 자리로 돌아오면서 새로운
노선을 찾을 수도 있다.

내 직장 상사 중에 격자형 진로발달을 택한 사람이 있
다. 그는 수년간 여러 직위를 거치며 다방면으로 업무를 소
상히 파악했다. 덕분에 그는 좋은 기회에 규모가 큰 팀의
리더가 됐고 가기 힘든 자리까지 가뿐하게 승진했다. 정해
진 노선대로 한 분야에서만 쭉 일했어도 결과가 괜찮았겠
지만, 다양한 직위를 경험하며 시야를 훌쩍 넓혔다. 설령
승진하지 못했더라도 많이 배우고 성장했을 것이다. 이런
경우 그는 격자형에서 한동안 수평으로 이동하다가 위로

그림2-1 / 피라미드형 vs 격자형 진로발달

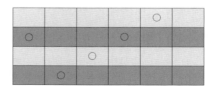

성장했다고 볼 수 있다.

일도 잘하고 팀을 통솔한 경험도 있는 내 직장 동료도 같은 경우다. 그는 다른 업종으로 이직해 말단직으로 몇 년 간 일했는데 어느 정도 성과를 거둔 후로 단독으로 업무를 처리하며 승승장구했다. 이 사람의 상황을 격자형으로 보면 초반에는 조금 아래로 내려갔지만 곧 위로 지속해서 상승했다고 할 수 있다(그림2-1).

피라미드형에 비해 격자형은 유연해서 요즘 시대에 더 적합하다. 현재 우리가 접하는 직장은 전보다 다양해지고 도전 과제도 많아졌다. 본업 이외에 여러 삶의 가능성을 개척하려는 사람도 점차 늘어나는 추세다. 격자형은 개인이 더 큰 도전 과제를 통해 성장할 수 있는 방향을 제시하고, 다른 분야에서 흥미, 기술, 도전이라는 새로운 조합을 발견하도록 도와준다. 이 글을 읽는 여러분도 깨달음을 얻을 수 있길 바란다.

⓬ 업계에서 통찰력을

키우는 방법

슈퍼의 진로발달 이론에 따르면, 확립기에 들어서는 신입 사원 시절부터는 본격적인 실력 쌓기가 필요하다. 일하는 사람으로서 내 가치를 높이려면 직장인이 아니라 직업인이 돼야 한다. 종사하고 있는 분야를 공부하고 고민해야 한다. 어떻게 하면 일하는 분야에서 통찰력을 키울 수 있을까? 이 문제와 관련해 베테랑 직장인들에게 조언을 구했다.

1. 인터뷰이: 외국계 기업 임원
#정기적고민 #개방형대화 #브레인스토밍

"정기적으로 고민하는 시간을 갖는다. 일주일에 한 시

간은 일과 업계에 집중해 본다. 이 시간에는 보고서를 읽거나 회사 동료를 찾아간다. 동료에게 최근에 무슨 일로 바쁘게 보냈는지, 어떤 일을 하고 있는지, 일하면서 어떤 점이 어려운지, 어떤 계획이 있는지 등을 물어보며 대화한다.

내가 관심을 두는 화제 위주로 대화하는 게 아니다. 어떤 주제로든 다양한 이야기가 나올 수 있게 개방형 질문을 한다. 이때 나는 호기심 많은 질문자가 된다. 이번 달에는 몇 명과 무슨 이야기를 나눌지, 미리 정하거나 계획하지 않는다. 이 시간과 관련한 어떤 임무도 스스로에게 부여하지 않는다. 부담 없는 대화를 나눠야 상대 의견을 더 집중해서 듣고 내 문제에서 한발 물러날 수 있다. 자연스러운 대화를 통해 쌓은 단편적인 정보들은 나중에 일하면서 무의식중에 튀어나와 힘을 발휘한다. 또한 폭넓게 생각하는 데 도움을 준다.

연간 사업 전략을 세우거나 혁신 방안을 마련해야 할 때는 혼자 브레인스토밍을 해 떠오른 모든 생각을 포스트잇에 적는다. 이를 화이트보드에 붙인 다음 분류하는 방법이 내게는 효과적이었다."

2. 인터뷰이: 외국계 기업 임원
#역지사지 #대입법 #555생각법

"정체돼 있다는 느낌을 받을 때, 나보다 직급이 높은 사람이라면 어떻게 할지 자주 생각한다. '사장님 마인드'라는 말도 있지만, 정말 내가 회사 대표라고 생각하면 보이지 않던 것들이 보인다. 내가 지금 어떤 카드를 손에 쥐고 있는지, 내 지지 기반은 무엇인지, 제약은 무엇인지, 새로운 사업에 어떤 자원을 쓸 수 있는지, 투자받을 수 있는 부분이 있는지, 투자를 받을 경우 나와 관련한 지표들이 어떻게 달라질지…….

업계 뉴스를 읽을 때도 내가 이 사업의 책임자라면 뉴스 속 변화를 지지할지 반대할지, 이런 변화가 무엇을 가져다줄지 고민한다. 추후 그 변화가 업계에 실제로 반영된 결과를 당시 내가 했던 생각과 비교하며, 어떤 공통점과 차이점이 있었는지 확인한다.

그리고 지금부터 5주 후, 5개월 후, 5년 후를 떠올려 보는 '555생각법'을 활용해서 단기, 중기, 장기 사업을 예측한다. 기회 요소와 위협 요소를 예측하고, 주기적으로 나타나는 추세와 규칙을 파악한다."

3. 인터뷰이: 부서원 40명을 이끄는 부서장
#자가진단

"내 업무에 대해 스스로 평가해 본다. 내 업무 강도가 얼마나 높은지, 업무 수행 방향이 올바른지를 점검하고 반성하는 것이다.

만약 다시 승진한다면 승진 신청 자료에 어떤 프로젝트를 쓸지, 그 프로젝트가 회사에 미친 영향은 무엇이었는지, 내가 했던 일 중 무엇이 승진에 디딤돌이 될지 상상한다. 이 작업은 지금 어떤 일을 해야 할지 깨닫게 한다. 어떻게 사업 규모를 키울지, 신제품이 협력 부서에 미치는 영향은 무엇인지, 어떻게 그들과 시너지를 낼지 고민할 기회도 된다.

나는 표트르 펠릭스 그지바치Piotr Feliks Grzywacz가 쓴 책 《세계에서 가장 빨리 결과를 낳는 사람은 왜 메일을 쓰지 않을까》에서 이 자가진단법을 발견했다. 그지바치는 책에서 목표를 10퍼센트가 아니라 10배 높여 설정하라고 말한다. 기존의 방식을 어떻게 바꿔야 10배의 성과를 낼 수 있을까? 답을 찾으려면 더 넓은 관점에서 당면한 문제를 바라봐야 한다."

4. 인터뷰이: 빅테크 기업 임원

#다다익선

"나는 '일하면서 배운다'는 말을 믿는 사람이다. 최대한 다양하게 경험하자는 주의다. 여러 프로젝트를 맡아 보고, 가능하면 이직도 하면서 경험을 쌓는 것이 남에게 들어서 대충 아는 것보다 낫다.

이직은 마음 내키는 대로 하는 게 아니라 지금 하는 일과 조금이라도 연관이 있는 회사로 해야 한다. 회사마다 장단점이 있기 때문에 경력을 쌓으며 이를 비교 분석하다 보면 업계를 바라보는 안목이 생긴다."

5. 인터뷰이: 인터넷 기업 사원

#구체적질문 #대화법

"만약 당신이 누군가에게 라이브 커머스에 대해 어떻게 생각하는지, 커뮤니티 공동구매나 프라이빗 트래픽의 전망을 어떻게 보는지 묻는다면 어떨까. 상대는 뭐라고 말을 꺼내야 할지 몰라 쩔쩔맬 수 있다.

하지만 각도를 조금 튼 질문이라면 다를 수 있다. 라

이브 커머스가 좋은 방식이라고 생각하는지, 커뮤니티 공동구매 모델이 오래 지속될 거라고 보는지, 프라이빗 트래픽 분야에서 성장하려면 어떤 점을 강화해야 할지 말이다. 업계 사람들과 이야기를 나눌 때는 질문을 이런 방식으로 바꿔 보자. 대화의 좋은 시작이 될 것이다. 업계 사람들과 다양한 이야기를 나누면 내 일에 대한 시각을 넓히는 데 큰 도움이 된다."

6. 인터뷰이: 공기업 마케터
#미래예측 #프로젝트중단

"일에 깊이를 더하기 위해 내가 자주 쓰는 방법은 제품 기획 단계에서 출시 이후의 상황을 그려 보는 것이다. 업계에서 신제품을 어떻게 평가할지, 경쟁사의 반응은 어떨지, 미디어에서 이 제품을 어떻게 보도할지, 소비자의 피드백은 무엇일지 구체적으로 상상한다. 이를 바탕으로 지금 개발하려는 제품이 충분히 혁신적인지, 시장에 반향을 일으킬지 예상할 수 있다.

이 방법에 따르다가 기획하던 프로젝트를 중단한 적이 있다. 조기 투자로 비용을 회수할 수 없는 상황이 생기지 않게 선제적으로 조치한 것이다."

지금까지 살펴본 방법들 외에도 인터뷰이들은 신뢰할 수 있는 업계 동료와 교류하고, 업계 뉴스와 보고서, 책을 꾸준히 읽으며 정보와 지식을 확보하라고 공통으로 강조했다. 여러 번 중쇄를 거친 책, 연구소나 증권사에서 발표하는 보고서는 언제나 좋은 참고서가 된다.

　　마지막으로 인터뷰이 중 한 분이 들려준 이야기를 나누고 싶다. 업무상 서류 작성할 일이 많은 그가 상사에게 자주 들었던 요구사항들을 정리해 보니 '품질, 안목, 가치' 이 세 가지로 요약됐다고 한다. '품질'은 내용이 충실하고 정확해야 한다는 뜻이다. '안목'은 상사의 관점에서 문제를 생각해야 한다는 의미로, 특히 업무 분장에 관한 사항을 제안할 때 요구된다. '가치'는 서류를 받는 사람에게 서류의 내용이 의미 있어야 한다는 뜻이다. 이 세 가지를 두루 갖추기란 쉽지 않다. 그래도 일을 할 때 항상 염두에 두고 습관화하면 좋을 내용이다.

⑬ 회사에서 더는

배 울 게 없 다 고 느 낀 다 면

"입사 3년 차지만, 졸업 때와 비교해서 딱히 나아진 것도 없고 회사에서 배울 것이 없어요."

이런 문제로 상담을 신청하는 사람이 많다. 입사한 지 2년이 넘어갈 때가 가장 막연한 시기인 것 같다. 이제는 직장 새내기 티를 벗고 자신의 위치를 새로 정립해 나가는 단계이기도 하다.

역할의 변화를 꾀하기 때문에 일, 자신의 능력, 미래 발전을 고민하는 것이다. 끊임없이 성장을 추구한다는 의미에서 이런 고민은 하면 할수록 좋다. 그런데 유독 이 시기에는 몇 가지 오류에 빠지기 쉬우니 주의가 필요하다.

1. 이 회사에서/이 직급에서/이 상사에게 배울 것이 없다?

나는 "더 이상 회사에서 배울 게 없어요. 상사도 무능해서 뭘 가르쳐 줄 능력이 없고요"라고 말하는 사람을 제법 많이 만났다. 솔직히 말하면, 일하면서 여러분에게 어떤 것을 가르쳐 줄 의무가 있는 사람은 아무도 없다.

기업은 일을 맡기기 위해 여러분을 고용했다. 신입 때는 일이 익숙지 않아도 별로 문제가 되지 않는다. 일이 어느 정도 손에 익어서 임무를 완수하면 비로소 여러분의 직위에 의미가 생긴다.

자기 시간을 들여 기꺼이 여러분을 가르쳐 주는 상사나 회사를 만나기란 매우 어렵다. 만일 여러분에게 업무든, 사회생활이든 알려 준 직원이 있었다면, 그건 기업 문화와 그 직원이 그만큼 훌륭하다는 소리다. 그만큼 직원이 다른 직원을 가르치는 것은 결코 당연한 일이 아니다. 일을 시작한 후로는 능동적으로 사고하면서 스스로 배우는 수밖에 없다. 일단 교문을 나서면 아무도 여러분 꽁무니를 쫓아다니며 가르쳐 주지 않는다. 입사한 회사를 도서관처럼 여기고 가장 가치 있는 것을 직접 발굴해야 한다. HR 부문 직위를 예로 들어 보자.

HR 부문 종사자를 위한 자가점검

‣ 채용, 성과, 연봉, 연수 프로그램 등을 얼마나 알고 있는가?

‣ 자신의 업무와 관련해 상사가 어떻게 생각하고 무엇을 고려하는 지 알고 있는가?

‣ 회사 정책을 실현할 때 어떤 점에 주의해야 하는지 알고 있는가?

‣ HR 중에서도 어떤 분야에 더 관심이 있고 앞으로 어느 쪽으로 성장하고 싶은가?

‣ 업계 발전 추세는 어떠한가? 이전과 비교해 변화가 있는가?

‣ 같은 상황에 놓인 다른 회사는 어떻게 일을 처리하는가?

이런 사항을 중심으로 능력을 키우고 공부한다고 할 때, 본인의 의지만 있다면 배울거리는 분명히 있다.

2. 뭐든 꾸준히 공부하면 미래에 반드시 성장한다?

연초에 연간 업무 계획을 세울 때마다 나는 그해 주요 업무와 관련해 뚜렷한 목적성을 띤 몇 가지 키워드를 정한다. 예를 들어 팀을 처음 맡아 이끌던 해의 연간 키워드는 '관리'였다. 그 키워드에 따라 나는 회사의 관리 연수 프로그램에 참여하고 관련 서적들을 여러 권 읽은 뒤, 새로 배운 내용을 글로 정리해 두었다. 최종적으로는 배운 내용들을 회사에서 의식적으로 활용해 몸에 익혔다.

글로벌 프로젝트를 맡은 해의 키워드는 '영어'였다. 영어로 메일을 쓰고 다른 나라 동료들과 소통했다. 긴 문서를 작성하고 토론 자리를 마련하며 기대 관리 협상법을 배우면서 상호신뢰 관계를 형성했다. 그와 관련한 책도 읽고 몸소 실천해 보기도 했다.

여태껏 나는 '돈으로 지식을 얻는' 강의를 들으려고 안달인 사람들을 많이 보았다. 안타깝게도 그중에는 본인에게 필요하지 않은 강의를 맹목적으로 배우는 사람들이 있었다. '뭐든 배우면 된다'는 식으로 목표와 방향이 없는 경우다. 이렇게 인풋(이론 학습)만 있고 아웃풋(실제 활용)이 없으면 오히려 일하면서 배우고 성장하는 데 방해가 된다. 들인 노력에 비해 얻은 것은 적고 기대치는 높은데 효과는 미비한 나머지 마음이 더 초조해질 수 있다.

3. 과감하게 도전하면 상사는 무조건 지지할 것이다?

이 세상에 일을 많이 하는 직원을 싫어할 상사는 아마 없을 것이다. 반대로 생각해 보자면, 이는 담당 업무를 해내는 것만으로 벅차하는 직원에게 더 큰 도전 과제를 맡길 상사는 없다는 의미가 된다. 직장인 대부분이 자신의 업무 능력을 평균 이상으로 평가한다고 한다. 여기서 '더 큰 도전'이 란 책임, 대가, 부담을 더 많이 져야 하는 일이다. 더 오랜 시간 일해야 한다는 의미까지 내포할 수 있다. 그럼에도 더 큰 도전 과제를 맡고 싶은가? 그렇다면 상사에게 의사를 밝히기 전에 먼저 자신이 그 일을 해낼 능력이 있음을 업무 적으로 증명해야 한다.

4. 정확한 방법, 일의 돌파구만 찾으면 성장할 것이다?

자신이 성장하지 못하는 이유가 정확한 방법, 일의 돌파구 를 찾지 못해서라고 생각하는 사람들이 있다. 그런데 돌파 구를 만들기 전에는 그것이 돌파구인지 모를 때가 있다!

돌파구와 성장은 여러분이 어떤 일을 올바로 해냄으로 써 생기는 자연스러운 결과다. 어느 정도 쌓이기 전에는 알 려지지도 않고 눈에 잘 띄지도 않는 보잘것없는 일이라도 방법을 바꿔 가며 다양한 일을 해 보자. 그때마다 일의 결 과를 나름대로 분석하고 보완하며 성장의 관점에서 일한다 면 새로운 길을 여는 데 분명 도움이 될 것이다.

5. 직접 성과를 내지 못하는 일은 가치가 없다?

직장인 중에 유독 눈에 띄는 결과를 만들어 내지 못하면 자신이 아무 가치가 없고 아무것도 배우지 못한 것 같은 기분에 사로잡히는 사람들이 있다. 보통 우리는 자신이 한 일로 영향력이 생기면 성취감을 느끼곤 한다. 그렇다고 해서 꼭 영향력을 만들어 내야만 하는 것은 아니다.

팀장, 부서장, 본부장 등 관리자의 경우를 살펴보자. 관리자의 일은 직접 결과를 만드는 것이 아니라, 구성원들을 통해 일을 완수하는 것이다. 그런데 때론 거의 마무리 단계에 이른 프로젝트가 뜻밖의 문제로 중단되기도 한다. 일이 완수되지 못해 결과가 제대로 만들어지지 않은 상황인 것이다. 이럴 때 훌륭한 관리자라면 성과가 전혀 없다고 생각하지 않는다. 오히려 프로젝트를 준비하고 실행하는 과정에서 많은 사람이 고민했기 때문에 그 부분에 있어서는 수확을 거뒀다고 판단한다.

입사 3년 차라면 슬슬 승진에 관심이 생길 것이다. 조직에서 어떤 위치에 있는지에 따라 입장이 다를 수 있음을 알아 두고, 너무 직접적인 성과에 매달리지 말자.

¶

그 밖에 입사 3년 차에게 도움이 될 조언을 보탠다.

1. 이루기 쉬운 것에 초점을 맞춘다.

내 친구는 일을 선택할 때 '삼각형 이론'을 적용한다. '명성, 급여, 성장' 세 가지 기준 중에 두 가지만 자기 생각과 맞아도 선택할 만한 일이라고 결론짓는 것이다. 이처럼 어떤 일을 선택할 때 여러 조건 중 한두 가지만 마음에 들어도 다른 것은 감수할 수 있다고 생각하는 사람이 많다. 그런데 막상 일을 시작하고 시간이 지나면 이전에는 참을 수 있을 거라 여긴 것들이 참을 수 없는 것들로 변한다. 이는 인간이라면 누구나 그럴 수 있는 지극히 일반적인 현상이다.

이 문제에 대한 내 처방은 이렇다. 직장에 입사한 지 얼마 안 되었다면, 처음 입사했을 때 마음에 든다고 생각했던 회사의 장점을 떠올려 보자. 그 장점에 기반해 이 회사에서 이루기 쉬운 것에 초점을 맞춰 단기 목표를 정하고 성취하자. 미처 이루지 못한 사항은 다음 단기 목표를 정해 도전한다. 혹여 지금의 회사에서 도저히 이루지 못할 것 같은 목표라면 이직해서 실현해도 된다.

2. 나 자신으로부터 힘을 얻는 법을 알아 둔다.

나는 상담을 요청하는 사람들이 자기 생각을 분명하게 정리할 수 있도록 질문을 많이 던지는 편이다. 그들의 사정을 내가 충분히 알지 못하기에 섣불리 판단할 수도 없고, 그들의 내적 동력을 찾아야만 문제 해결에 실질적으로 도움을 줄 수 있기 때문이다.

외적 동력은 금방 사라진다. 타인이 최선을 다해 나에게 가장 필요하다고 생각하는 해법을 제시하더라도, 그게 나에게 진짜 최선이 아닐 수 있는 것이다. 본인이 어떤 것을 원하고 어떤 사람이 되기를 갈망하는지 알아야 다른 사람도 내가 더 멀리 가도록 도울 수 있다. 따라서 회사, 상사, 직위 등 타인이나 다른 어떤 것에 기대는 것이 아니라 자기 스스로 에너지를 얻는 법을 배워야 한다. 내적 동력을 찾는 것이야말로 장기적인 발전의 토대다.

⑭ 2년 동안 직장을 세 번 옮긴 후배가

미처 몰랐던 것

이 글을 시작하기 전에 함께 나누고 싶은 이야기가 있다. 우리 회사에 입사한 지 이제 막 1년이 된 직장 후배 서빈 이야기다. 서빈은 얼마 전 사직서를 제출했다. 내 동료들은 서빈이 적합한 자리에서 적절한 코칭을 받고도 제대로 일 해 보지 못한 채 좋은 조건을 낭비했다며 아쉬워했다.

면접에서 처음 서빈을 보고 나는 책임감 있고 성실하 게 일도 잘하며 똑똑하고 소신이 있다는 인상을 받았다. 반 면 이전 회사에서 단순 업무를 맡았던 점, 이전 회사에 입 사한 지 1년 만에 이직활동을 하고 있는 점을 두고 힘든 일 을 기피하는 성향이 예상된다는 면접관들도 있었다. 그래 도 회사는 서빈이 이제 사회생활을 시작한 초년생으로 잠시 시행착오를 겪고 나서 진로를 빠르게 수정했다고 결론 지었고, 서빈은 채용 통지서를 받을 수 있었다. 그게 바로 1년 전 일이었다.

　　나는 입사한 서빈에게 종종 조언을 건넸다. 가까운 시일 내 승진을 원하는 그에게 이렇게 말하기도 했다.

　　"업무상 중요한데 리더가 크게 신경 쓰지 않는 프로젝트가 있다면, 그 기회에 해당 프로젝트를 맡아서 진행해 봐요. 프로젝트 분업, 부서 간 협력, 대외 홍보, 데이터 관리 등을 파악하고 능력을 키우면 사람들의 눈에 띌 수 있어요." 이에 서빈은 느끼는 바가 있었는지 잘 준비해 보겠다고 말했지만, 의아하게도 끝내 아무 행동도 취하지 않았다.

　　그 뒤로도 서빈은 말로만 업무 진행 사항을 전달할 뿐 보고서를 분석하거나 자진해서 새로운 일을 추진하는 경우가 극히 드물었다. 나는 서빈의 업무 처리 능력이 별로라고 판단하고, 승진 심사에서 그의 승진에 반대했다. 그는 성실하고 책임감도 있는 편이었으며 잘하는 업무 분야도 있었지만, 내 생각은 단순했다. 조건이 비슷한 다른 후보와 비교했을 때 서빈은 확실히 실력이 뒤처졌다. 그의 승진에 동의하는 것은 명확하게 승진 기준에 부합하는 다른 후보자에게 불공평한 일이었다. 나는 다음 승진 심사 전에 서빈이 절차 개선, 분석 총괄, 부처 간 협력 등의 업무에서 더 나은 모습을 보여 주기를 바랐다.

하지만 승진에 실패한 서빈은 충동적으로 사직서를 제출했다. 그러더니 금방 사직서 제출을 철회하며 부서 이동을 희망했다. 얼마 뒤 부서 이동 수속이 거의 끝날 때쯤, 서빈은 아무래도 그만두는 편이 낫겠다는 입장을 회사에 다시 전했다. 건네 듣기로는 그가 면접을 본 다른 회사에서 지금보다 높은 연봉을 제시했고 그곳에서 배울 것이 더 많겠다고 판단한 모양이었다. 그가 마음을 터놓고 지낸 선배에게 남긴 말의 정확한 워딩은 "여기에서 일하는 1년 동안 배운 게 하나도 없는 것 같아요"였다.

사실 서빈이 회사에 남아 실력을 키우고 성과를 거뒀다면 승진할 확률이 높았다. 그런데 2년 사이 승진도 못 한데다가 세 번이나 직장을 옮기게 되었다. 이직한 회사에서도 신입 취급을 받으며 영양가 없는 경험만 쌓을 가능성이 크다.

끊임없이 새로운 무언가를 배우는 것 같지만 사실은 새로움에 현혹되는 것뿐이라는 점이 영양가 없는 경험의 가장 큰 특징이다. 이런 함정에 빠진 서빈은 한마디로 잡무만 처리하며 분주하게 움직이다가 조금 어렵고 복잡한 일을 만나 금세 포기한 셈이다. 사실 서빈이 유별난 것이 아니다. 한때 SNS에서 "당신은 첫 직장에서 얼마나 오래 근무했나요?"라는 질문이 인기였는데 대다수가 "1년 미만"이라고 대답했다.

　서빈은 다음 직장에서만큼은 여태까지의 사고방식과 일 처리 방식을 반드시 바꿔야 한다. 변화하지 않으면 앞으로도 직장생활이 어려울 수 있다. 그렇다면 서빈의 문제점은 구체적으로 무엇일까?

1. 충동적으로 행동하고 다른 사람의 조언을 귀담아듣지 않았다.

서빈은 감정적으로 사직서를 제출하고 금세 후회하며 부서를 이동하겠다고 하더니 아예 회사를 그만뒀는데, 이랬다저랬다 하는 이런 태도는 직장에서 절대 금물이다. 승진하지 못했다면 누구라도 고민이 되겠지만 일단 가족이나 친구와 차분하게 의논해 보는 것이 좋다. 직장에서는 함부로 결정을 내려선 안 된다.

2. 업무 능력이 부족한데 적극성과 의욕마저 없었다.

서빈이 보낸 메일을 자주 받던 시기가 있었다. 읽어 보면 대체 요점이 뭔지 모르겠고 같은 내용을 반복할 때가 많았

다. 반면 서빈의 후임자가 보낸 메일은 이해하기도 쉽고 정
리도 깔끔했다. 앞서 내가 서빈에게 도전해 보라고 했던 프
로젝트처럼 하기 어려운 일은 사실 담당자가 존재감을 드
러낼 좋은 기회다. 서빈이 적극적인 태도를 보였다면 상사
도 틀림없이 그가 프로젝트를 완수하도록 열심히 도왔을
것이다. 그 결과, 어쩌면 서빈도 실력을 한 단계 업그레이
드했을지 모를 일이다.

3. 보여 주기식 노력뿐, 끈기 있는 문제 해결은 없었다.

한때 서빈은 데이터가 잔뜩 실린 보고서를 사흘이 멀다 하
고 제출했다. 내가 그에게 "보고서에서 데이터 분석을 본
적이 없는 것 같다"라고 피드백한 직후였다. 그런데 막상
보고서에는 표와 숫자만 나열돼 있을 뿐 분석이 없었다. 나
는 서빈에게 물었다.

　"데이터에서 어떤 규칙이 보이는 것 같아요? 더 효율
적으로 일하려면 데이터만이 아니라 데이터 분석 결과를
제시하는 게 좋아요."

　하지만 서빈의 업무 방식은 이후로도 변함없었다.
결국 나도 그냥 입을 닫아 버렸다.

　사실 우리 부서의 다른 후배 서정도 보고서 작성이 미

흡했다. 나는 그 친구에게도 같은 충고를 했다. 그러자 서정은 데이터를 분석해서 짧은 결산 보고서를 제출했다. 서정이 애쓰는 모습을 지켜본 나는 서정과 함께 컴퓨터 앞에 앉아 보고서를 수정했다. 그렇게 한차례의 코칭이 다였는데도, 서정의 보고서 작성 실력은 갈수록 좋아져서 곧 그가 쓴 보고서는 거의 손을 댈 필요가 없어졌다. 분석은 수십 미터까지 깊이 들어가 원석을 파내는 과정이라 절대 겉으로 드러난 숫자만 보는 것으로 끝나면 안 된다. 이제 서정은 어떤 일이든 끈기 있게 해내고 문제점을 금방 파악해서 해결한다.

4. 인내심이 부족한 탓에 천천히 찾아오는 보상을 기다릴 줄 몰랐다.

서빈에게 가장 아쉬운 점이 바로 이것이다. 그는 목표 달성이 코앞인 것을 알면서도 즉각적인 보상이 있는 쪽을 선택했다. 승진 후 이직했다면 경력에 더 유리했을 것이다.

서빈과 비슷한 단점을 가지고 있는 사람에게 내가 전하는 조언은 다음과 같다.

1. 수박 겉핥기식 배움과 일 처리를 경계해야 한다.

여태껏 여러 번 언급했듯 어떻게 일을 처리할지 생각해서 전달의 효율성과 정확도를 높여야 한다. 예를 들어 서빈의 후임처럼 수신자의 관점에서 정보를 재구성하는 것이다.

2. 직장 선배의 조언을 적절히 참고한다.

아무래도 사회생활을 더 오래한 직장 선배가 회사와 업무를 보는 시야가 더 넓기 마련이다. 여러 선배와 자주 대화하면서 유연하게 생각하는 법을 배우자.

3. 일정 기간마다 경력 개발의 목표를 정해 둔다.

서빈의 경우라면 이런 식으로 목표를 정하는 것이다. '입사한 첫해에 프로젝트를 주도적으로 추진해서 성과를 거두고, 이듬해 부서를 옮겨 프로세스 최적화를 추진한 다음 글로벌 프로젝트 경험을 쌓는다'라고 말이다.

4. 단기 이익을 추구하는 상황과 영양가 없는 경험을 줄인다.

가정 형편이 어렵다든지 하는 특정한 이유가 있는 게 아니라면 최대한 장기적 관점에서 결정을 내린다. 다양한 분야를 접하면서 최대한 새로운 것을 많이 배우고 싶은 서빈의 마음도 충분히 이해할 수 있다. 하지만 직장생활은 수많은 일과 프로젝트를 차곡차곡 쌓아 큰 결과를 이루는 것이다. 마치 언덕 위에 성을 쌓듯 우리는 평지에서부터 돌을 가지고 언덕을 오른다. 처음부터 큰 돌을 움직일 수 있는 사람은 없다. 하지만 경험이 많아지면 기술도 생기고 근육도 늘어나 더 큰 돌을 쉽게 움직일 수 있게 된다. 서빈이 언젠가는 이 이치를 깨닫기를 바란다.

❶❺ "서른이 코앞인데

업계를 옮겨도 괜찮을까?"

내 주변에는 서른 즈음 전업한 친구들이 꽤 있는데, 그중 두 사람의 이야기를 소개한다. 한 명은 전업에 성공하고 다른 한 명은 실패한 경험담이다. 이를 토대로 전업 시 어떤 준비를 하면 좋을지 알아보자.

서호는 컨설팅 업계에 있다가 인터넷 업계의 괜찮은 회사로 이직하려 했지만 뜻을 이루지 못했다. 대신 친구의 추천으로 다른 인터넷 기업에 들어갔다. 비록 이전 직장보다 연봉이 적었고 원래 이직하려던 회사보다 네임밸류가 낮았지만, 장기적인 발전을 생각해서 선택했다.

서리의 전업은 썩 순조롭지 않았다. 회사 총무부에서 일하던 서리는 나중에 더 나이가 들어서도 밥벌이할 수 있는 기술을 배우려고 회사를 그만둔 뒤 몇 개월 동안 디자인을 배웠다. 공부를 마치고선 바라던 대로 디자인 업무를 할 수 있는 직장에 입사했다. 그러나 얼마 못 가 일을 그만두고 원래 일하던 직장으로 돌아갔다. 내가 이유를 묻자, 서리는 "내가 생각했던 것과 상당히 달랐어"라고 말했다. 경험이 부족했던 서리는 디자인 업무를 하는 데 너무 많은 시간이 걸렸고, 결과물 또한 신통치 않았다. 결국 자의 반 타의 반으로 전업을 포기할 수밖에 없었다.

사람들은 왠지 모르게 다른 분야로의 전업을 꿈을 좇는 일처럼 여긴다. 그런데 몇몇 성공 사례가 백배쯤 부풀려졌을 뿐임을 알아야 한다. 제대로 알아보지도 않은 채 사표를 던지고 전업했다가는 큰코다치기 십상이다.

더구나 서른 즈음 다른 업계로 이직하는 사람이 앞으로 마주할 위험과 비용은 갓 졸업했을 때보다 크다. 그러므로 전업할지 말지 고민된다면 다음 세 가지 점검사항을 잘 살펴보고 신중히 결정하자.

1. 전업에 대한 생각을 제대로 정리한다.

전업 전 해야 할 가장 중요한 일이 바로 생각 정리다. 이때 도움을 줄 몇 가지 질문을 소개한다.

전업 관련 생각 정리에 도움을 주는 질문

❶ 나는 왜 다른 업계로 이직하고 싶은가?

❷ 그런 생각을 한 계기는 무엇인가?

❸ 전업으로 얻고 싶은 것은 무엇인가?

❹ 현재 일에 대한 만족도는 어떤가? 업무 중 어려움에 부딪힌 나머지 아예 다른 업계로 도망가고 싶은 것은 아닌가? 아니면 정말 다른 업계 일에 관심이 생겼는가?

❺ 이렇게 생각을 정리한 뒤에도 여전히 전업하고 싶은가?

자기 생각만 잘 정리해도 한층 더 합리적인 결정을 내릴 수 있다. 나는 상담을 하면서 대부분의 사람에게는 어려움을 회피하는 경향이 있다는 것을 알게 됐다. 사실 나도 하던 업무가 벅차게 느껴져 다른 업계에서 일하면 어떨까 고민한 시기가 있었다. 그즈음 영어 학원을 운영하면서 돈을 제법 버는 친구와 대화하다가 "나도 업종을 바꿔야겠다"라고 농담했다. 그러자 친구는 내 마음을 읽었는지 학원 업계의 장단점을 진지하게 알려 주는 게 아닌가. 그때 '막연히 생각했던 것과 현실은 완전히 다르구나'라는 깨달음을 얻는 동시에 정신이 번쩍 들어 마음을 접었다.

그래서 나는 전업하고 싶다며 의논해 오는 사람에게

꼭 이렇게 물어본다. "원하는 그 일이 실제로 어떤 일인지 대충이라도 알고 있습니까? 알아본 적은 있나요?" 이 질문에 상대방이 확실하게 대답하지 못하면 일단 "그 일에 대해 더 공부하고 다시 얘기하죠"라고 한다. 관심 가는 다른 업계의 일을 제대로 파악한 뒤에도 전업이 하고 싶어야 비로소 전업 준비에 돌입할 수 있다.

2. 전업에도 종류가 있고, 성공률도 제각각이라는 점을 알아 두자.

전업 중 원래 알고 있던 업계로의 이직은 상대적으로 수월하다. 하지만 기술이 필요한 직업은 진입 문턱이 높다.

업무상 자주 왕래했던 업계, 직간접적으로 접해 본 업계라면 기본적으로 알고 있는 부분이 있어서 전업 시 도움이 된다. 컨설팅 업계에서 온라인 업계로 자리를 옮긴 서호가 그랬다. 컨설팅 회사에서 인터넷 기업이 클라이언트인 프로젝트를 몇 차례 담당했기 때문에 업무에 대해 어느 정도 이해하고 있었다.

이에 비해 업계와 업무 이해도가 낮은 데다가 전문 기술까지 필요한 일에 도전했던 서리는 진입 문턱에 걸려 원래 자리로 돌아오고 말았다.

3. 전업에 성공하기까지 여유를 갖고 준비한다.

지금까지 살펴봤듯 성공적인 전업에는 여러 준비가 필요하다. 일단 사전 조사를 충분히 해야 한다. 일상 업무는 어떤지, 업무 내용과 주요 업무 지표는 무엇인지 등이 기본적으로 파악해야 할 사항이다.

때론 기술도 익힐 필요가 있다. 학원을 다니든 독학을 하든 미리 공부하고 연습한다. 전업할 분야의 대표적인 자격증이 있다면 이를 따 두는 것도 좋다. 이렇게 하다 보면 뜻밖의 수확을 얻기도 한다. 자신이 진심으로 전업을 원하는지를 확실히 알게 되는 것이다. 만일 이 관문을 넘었다면 이직 준비는 거의 끝난 것이나 다름없다.

¶

전업을 결심했다면 이제는 본격적으로 준비를 하자. 준비 과정과 함께 주의사항을 정리했다.

1. 전업할 결심을 했어도, 다른 회사 출근이 결정되지 않은 한 성급하게 지금 직장을 그만두지 말자.

퇴직 후 다시 일자리를 찾을 때 여러분의 마음가짐과 인사 담당자가 여러분을 대하는 태도는 퇴직 전과 다르기 마련이다. 그뿐 아니라 사람은 무직 상태가 길어질수록 수동적으로 변한다. 그러므로 전업할 결심을 했다면 무엇보다 여가 시간을 활용해 다각도로 전업 가능성을 검토한다. 사례로 든 서리는 전업하기 전 회사를 그만두지 말고 디자인 업무 방식과 리듬에 적응할 수 있을지를 검토했어야 하는데 그러지 않았다.

2. 전업할 업계에 인적 네크워크를 만든다.

업종을 바꾸는 구직활동은 생각만큼 순조롭지 않을지도 모른다. 이럴 때 인적 네트워크가 있다면 도움이 된다. 전업 준비와 관련한 작은 조언부터 괜찮은 일자리 추천처럼 실질적인 정보까지, 여러 도움을 받을 수 있다. 만약 여러분이 평소 업계를 막론하고 두루두루 사람들과 교류해 왔다면 더할 나위 없이 좋다. 그러나 인적 네트워크가 별로 없어도 실망하지 말자. 전업을 마음먹은 직후에 지인들에게 전업을 목표한 업계에 종사하는 사람이 주변에 있다면 소개해 달라고 부탁하고, 그 업계의 주요 행사에 참여하면서 적극적으로 인적 네트워크를 만들어 간다.

3. 필요하다면 대학원에 진학하거나 자격증을 딴다.

만약 전업하고 싶은 업계의 일자리에 특별한 자격 요건이 따로 있다면 대학원 진학, 자격증 취득, MBA 취득 등 시간과 비용이 허락하는 한 준비하자. 이렇게 하면 기업 입장에서도 지원자가 전업에 큰 의지를 갖고 있다고 판단할 수 있다. 다만 학위, 자격증 등이 취업의 문을 여는 만능열쇠는 아니라는 점을 알아 두자.

4. 단기적으로 연봉이 낮아질 수 있음을 각오한다.

가장 바람직한 전업은 이전 경력이 플러스가 될 때 전업하는 것이다. 하지만 모든 사람의 상황이 같을 수는 없다. 전혀 다른 업계에서 전업하면 경력을 쌓는 출발선에 다시 서게 될지도 모른다. 따라서 전업 직후에는 이전 직장과 같은 수준이거나 심지어 더 줄어드는 연봉을 감내해야 할 수 있다.

만일 연봉을 낮춰야 한다면 인생의 장기적인 목표를 위해 전업했음을 기억하자. 연봉 조정은 단기적인 문제일 테니 불안해하지 말자. 살다 보면 더 높이 뛰어오르기 위해서 무게 중심을 낮춰야 할 때가 있는 법이다.

5. 전업에 맞는 이력서와 면접을 준비한다.

다른 업계로 이직할 때는 기존에 구직하던 방식에서 벗어나도록 한다. 전업을 꿈꾸는 사람들의 이력서를 검토하다 보면 이대로라면 불합격할 것이 분명한 이력서들이 대부분이다. 이전에 구직했던 대로 과거에 어떤 일을 했는지를 주로 나열해 놓았기 때문이다. 전업을 원하는 사람은 과거 경력보다 앞으로 발휘할 능력, 희망하는 자리에 대한 이해도 등을 더 강조하고 드러내야 한다.

⑯ 공기업 직장인과
민간기업 직장인

공기업 직장인은 일반 기업 직장인과 비교해 정년을 확실히 보장받는다. 그래서 공기업을 이른바 '신의 직장'이라고 부르던 시절이 있었다. 어느 날 내 SNS 계정으로 팔로워가 댓글을 남겼다.

"죽을 둥 살 둥 노력해서 공기업에 들어갔어요. 일반기업은 회사생활이 워낙 치열하다고 해서 무섭기도 했고 정년 보장도 안 되니까요. 그런데 막상 공기업에 들어오니 바깥세상이 궁금해지네요."

내 주변에도 공기업에 다니는 지인들이 있는데 고민하는 내용이 비슷하다. 그중 30대 친구 두 명의 이야기를 소개한다.

서이는 명문대 유학파 출신으로 유명 공기업의 HR 부서에서 일했다. 입사한 지 얼마 되지 않았을 때부터 상사와 동료의 인정을 받았고 여러모로 앞날이 창창했다. 그런데 몇 년 지나 그에게 하고 싶은 다른 일이 생겼고, 다니는 회사에서는 그 이상을 펼칠 수 없을 것 같았다. 이에 그는 일반 기업으로 이직하기로 마음을 먹었다. 구체적인 이야기를 들어 보니 서이는 벌써 충분한 준비가 된 상태였다. 가고 싶은 회사, 맡고 싶은 직위, 미래 발전 방향까지 계획을 세워 둔 것이다. 내 의견을 물어보기는 했지만 스스로 여러 선택지의 장단점을 충분히 따져 본 것이 분명했다. 그래서 나는 몇 가지 조언만 건네는 데 그쳤다.

공기업에서 성실히 경력을 쌓던 서혁은 내게 "도전하고 싶은 업무가 있는데 한 살이라도 젊었을 때 해 봐야 하지 않을까?"라고 말했다. 그것은 민간기업으로 옮겨야 맡을 수 있는 업무였다. 그런데 대화를 하다 보니 그가 이직으로 심한 내적갈등을 겪는 것이 느껴졌다. 게다가 그는 민간기업의 직장생활을 속속 알지 못하면서, 이직을 지나치게 낙관적인 시선으로 바라보고 있었다. 이런 상황을 전체적으로 고려해 나는 그에게 직장을 옮기지 않는 것이 좋겠다고 조언했다. 실제 관심 있어 하는 민간기업의 상황을 이해시킨 뒤, 직장을 옮기지 않는 선택지 중에 가장 나은 방안을 찾도록 도와주었다.

왜 내가 서이와 달리 서혁의 이직은 반대했을까? 사실 공기업에서 일하든 민간기업에서 일하든 그 자체로는 좋고 나쁜 것이 없다. 각자의 성격, 의지, 강점, 미래에 대한 기대 등을 따져 자신에게 맞는 자리를 찾는 것이 가장 중요하다.

중국 철학자 저우궈핑周國平은 "사람마다 천성이 다르기 때문에 그 천성과 가치를 가장 잘 실현할 수 있는 자리도 다를 수밖에 없다"라고 말했다. 자기에게 적합한 자리를 찾는 것은 누구든지 부러워하는 자리를 찾는 것보다 더 중요하다. 어찌 됐든 직장에서 보내는 시간은 인생에서 상당한 부분을 차지하니까 말이다.

그렇다면 자신의 자리를 찾아 현 직장을 그만두어도 괜찮은 사람은 어떤 사람일까? 나는 이전과 다른 자리에서도 여전히 솜씨 좋게 일하는 사람들에게서 다음과 같은 공통된 특징을 발견했다.

1. 어떤 선택을 할 때 다른 사람의 영향을 받지 않으며 진심으로 자기가 원하는 것을 추구하는 데 초점을 맞춘다.

시간을 투자해 자리 잡은 현 직장을 그만두고 다른 형태의 기업, 다른 업종으로 이직하는 과정은 쉽지 않다. 그러므로 예상치 못한 여러 난관을 뚝심 있게 헤쳐 나갈 자신이 있는 지 스스로 물어야 한다. 어떤 선택을 하고 결정을 할 때 다른 사람의 영향을 쉽게 받거나 약간의 어려움에도 금방 후회하는 성향의 사람은 어쩌면 지금의 자리가 가장 적합한 자리일 수 있다.

2. 업계와 기업, 시장을 충분히 공부해 이해도가 높다.

공부가 충분히 됐다는 것은 어떤 의미일까? 관심 있는 기업의 근무 조건이나 연봉 등을 인터넷에서 조사하는 것, 지인을 통해 업무 내용과 현황을 알아보는 것, 이직 시 자신의 현재와 미래 발전, 기회, 리스크 등을 분석하는 것이다. 이런 작업을 적극적으로 하는 사람이라면 이직할 마음의 준비가 돼 있다고 볼 수 있다.

반면 이직을 하고 싶어 하면서도 적극적으로 알아보거나 공부하지 않는 사람들도 있다. 그들은 대체로 이런 생각을 한다.

이직을 꿈꾸기만 할 뿐 행동하지 않는 사람의 생각

‣ '지금의 회사에서는 더 배우고 성장할 수 없다. 이곳을 나가면

금방 성장할 것이다.'

‣ '지금의 직장생활은 무료하고 단조롭다. 이곳을 나가면 하루하루를 알차게 살 수 있다.'

‣ '다른 회사에 입사하면 지금보다 공평한 환경일 테고 승진과 연봉 인상 기회가 많을 것이다.'

솔직히 말해, 일은 그냥 일일 따름이다. 본인이 적극적이지 못하고 계획성이 부족한 것을 회사 탓, 업무 탓으로 돌리면 안 된다.

3. 자원을 활용하고 통합하는 능력이 뛰어나다.

여기서 자원은 차별화된 정보일 수도 있고 그동안 만든 인적 네트워크일 수도 있다. 내 친구 중 하나는 공기업에서 교육 관련 업무를 담당하다가 그만두고 창업했다. 그는 평소 지역별 대학교의 상황을 잘 알고 있고 지인도 많아서 창업이 자신의 자원을 통합하는 과정이나 다름없었다.

4. 성격부터 재정까지 자신을 정확하게 파악하고 있다.

이직하는 과정에는 여러 가지를 투자해야 한다. 가장 대표적인 것이 비용이다. 더구나 직장을 박차고 나온다면 그 비용은 더 커진다. 반드시 돈만이 비용이 아니다. 건강, 시간, 육아 분담 등도 비용이 될 수 있다. 그러므로 이를 감당할 수 있는지, 마지노선을 정해야 하는지, 마지노선을 넘으면 어떻게 할지 등을 사전에 고려한다. 이렇게 미리 정하면 실제로 상황이 닥쳤을 때 우왕좌왕하거나 후회하는 일은 없을 것이다. 자칫 부정적인 감정에 빠지더라도 빨리 벗어나 적극적으로 해결방안을 찾을 수 있다.

다시 강조하지만 선택지 자체에는 좋고 나쁨의 구분이 없으며 무엇보다 본인에게 맞는 위치를 찾는 것이 중요하다.

⑰ 직장생활의 반환점 35세,

이제부터 후반전 대비다

직장인 평균 퇴직 연령이 앞당겨지고 있다. 이전에는 40대
가 돼야 인생의 후반전을 고민했다면, 지금은 30대 중반에
벌써 선택의 기로에 서게 되는 경향이 짙다. 그러다 보니
민간기업에 다니는 사람에게 35세 즈음은 아주 중요한 시
기다. 지금까지 뛰어난 성과를 보여 왔다면 회사에서 관리
직으로 자리 잡을 수 있고, 반대의 경우라면 자리가 위태로
울 수 있다. 이때쯤이면 '40대가 되기 전에 다른 길을 찾아
보자' 하고 조직생활을 그만두는 사람도 나타난다.

뷰카VUCA라는 신조어가 있다. 변동성Volatility, 불확실성
Uncertainty, 복잡성Complexity, 모호성Ambiguity의 영문 첫 글자를
조합한 것이다. 지금 우리가 살아가는 시대가 바로 뷰카 시

대다. 예전에는 몇십 년을 주기로 획기적인 변화가 일어났지만 이제는 거대한 변화가 훨씬 자주 일어나곤 한다. 이런 시대에 35세 직장인은 미래를 어떻게 대비하면 좋을까?

1. 지금 하는 일이 만족스럽다면 착실하게 업무 능력을 키워 직업 수명을 연장한다.

여태껏 해 온 일이 재밌고 앞으로도 잘할 수 있다면 업무 능력을 꾸준히 성장시키자. 그러면서 직급이 높아지면 직장생활 수명은 자연히 길어진다. 능력자들은 40대에도 자리를 굳건히 지킬 수 있고, 다른 기업으로 이직한다 해도 여전히 좋은 일자리를 찾을 수 있다.

업무 능력을 성장시키는 방법

❶ 실질적인 가치가 있는 프로젝트를 진행한다.

❷ 자신의 관점을 제시하고 지속해서 목소리를 내며 퍼스널 브랜드를 구축한다. AI, SNS, 빅데이터 등 특정 분야의 전문성을 집중적으로 키워도 좋다.

❸ 의식적으로 미디어 자원이나 시장 협력 자원 등을 쌓는다.

❹ 다양한 관리 경험을 쌓는다. 여러 규모의 조직, 다른 조직과의 협업 등 향후 맡을 직위를 고려해 최대한 관리 경험을 쌓는다.

2. 지금 하는 일이 만족스럽지 않다면 본인이 보유한 기술과 관심사를 바탕으로 이직을 준비한다.

향후 수십 년간 즐겁게 일할 수 있는 방향을 모색하면서 자신이 가진 기술을 점검한다. 디자인, 회계, 외국어 등은 밥벌이가 가능한 기술이다. 아무리 생각해도 별 기술이 없다면 촬영, PPT 만들기, 베이킹, 일러스트 그리기, 글쓰기, 헬스 등 취미를 발전시켜 보자. 그리고 개발하고 싶은 기술이 있다면 진지한 태도로 끝까지 밀고 나간다.

3. 꾸준히 호기심을 가지고 평생 공부한다.

'꾸준한 호기심'과 '평생 공부'는 뷰카 시대를 살아가는 데 강력한 경쟁력이 된다. 평균 기대수명이 80세에 이르는 시대임을 고려하면 35세는 인생의 절반도 안 산 셈이다. 35세에 새로운 공부를 해서 수십 년을 활용한다면 분명 남는 장사다.

4. 청장년 시기에 수입을 높여 중년 리스크를 대비한다.

젊을 때일수록 최대한 많이 벌어서 잘 모으자. 그러려면 업무 능력을 키워 연봉을 높이는 것이 우선이다. 여기에 이성적으로 소비하고 재테크하는 방법도 익히도록 한다.

마지막으로 35세 이상 직장인의 다양한 선택지를 공유한다.
내 주변 사람들의 상황을 보면 다음과 같은 길들이 있다.

35세 이상 직장인의 미래 선택지

❶ 지금까지 일해 온 회사에서 임원으로 계속 일한다.

❷ 업무 리듬이 상대적으로 더딘 기업에서 잠시 숨을 고르다가 다시 이직에 도전한다.

❸ 다니던 회사보다 더 작은 규모의 기업에 가서 경험을 전수한다.

❹ 공무원이 되거나 공기업에 취직하는 방법을 찾아본다.

❺ 근로자 평균 연령이 높은 회사에 들어간다.

❻ 직장에서 쌓은 자원으로 창업한다.

❼ 경험을 살려 프리랜서로 일한다.

❽ 퇴직해서 투자를 집중적으로 연구한다.

이뿐이겠나. 각자의 상황에 따라 더 많은 선택지가 있으니,
능동적으로 찾아보자. 그런 다음 5년, 10년 단위로 진로 계
획을 세우면 35세 직장인의 위기를 잘 넘길 수 있을 것이다.

제3장 업무 능력:

일 잘하는 사람 되기

⑱ 업무 효율을 떨어뜨리는

요 소 제 거 하 기

제품 기획자 서하는 업무상 다른 부서 동료들과 소통하는 일이 잦다. 동료들은 시도 때도 없이 연락하거나 자리로 찾아온다. 그때마다 서하는 하던 일을 멈출 수밖에 없고 그러다 보니 근무 시간 중에 할 일을 다 처리하지 못하는 경우가 많다. 다른 사람들이 퇴근하면 그제야 낮에 끝내지 못한 업무를 마저 하기도 한다. 너무 피곤하지만 업무 특성상 어쩔 수 없다고 생각한다.

　교육 업체에 다니는 서인은 추진력이 강하고 일 처리가 빠릿빠릿하지만, 자주 무엇인가를 빠트리거나 잊어버린다. 상사에게 주의를 들어도 얼마 안 가서 비슷한 문제가 또 발생하곤 했다. 상사는 서인의 추진력은 높이 평가하면서도 중요한 임무를 맡길 때마다 속으로 끊임없이 저울질한다.

서훈은 인터넷 커뮤니티 운영 관리자다. 새로운 프로젝트를 맡은 그는 이를 계기 삼아 신규 사용자를 늘리는 방법을 찾기로 했다. 그러고선 생각의 폭을 넓히려 동료들을 모아 회의를 열었고 열띤 토론이 벌어졌다. 그런데 회의를 끝내고 보니 신규 사용자를 늘리는 방법은 제대로 논의하지 않고, 대신 기존 고객의 재구매율을 높이는 방법만 정신없이 이야기한 게 아닌가. 서훈은 프로젝트 계획서에 마땅히 적을 내용이 없어서 다시 회의를 소집해야 하나 고민 중이다.

이 사례들 중에서 어딘가 여러분과 비슷한 모습이 보이지 않는가? 서하는 업무에 많은 시간을 들이지만 다른 사람에게 주도권을 뺏겨서 남이 일을 배정해 줄 때까지 기다리는 기분이 든다. 서인은 업무 능력이 좋으나 결과물의 품질이 영 불안정하다. 서훈은 자기 의도와 다르게 일이 흘러가는 바람에 처음부터 다시 일할 때가 많다.

과연 효율적인 일 처리란 어떤 것일까? 대체로 사람들은 시간을 합리적으로 배정하는 것이 효율적이라고 생각하는데, 그보다 심층적인 의미는 작업 산출물이 품질도 좋고 사업 목적에도 부합하는 것이라고 할 수 있다.

그렇다면 우리가 비효율적으로 일하게 되는 이유는 무엇일까? 일반적으로 다음 세 가지가 꼽힌다.

업무 효율성이 떨어지는 이유

❶ 업무에 시간을 지나치게 많이 쓴다: 시간을 비합리적으로 배정하고 자주 일을 중단해 업무 효율이 낮다.

❷ 업무 결과물의 품질이 불안정하다: 일 처리를 어떻게 할지 명확하게 정리하지 않은 탓에 일정한 프로세스가 아닌 경험과 감각에 의존해서 일한다.

❸ 업무 목표와 어긋나게 일 처리를 한다: 업무 목표를 잘못 이해하거나 무시한 탓에 쓸데없는 작업을 반복해서 힘과 자원을 낭비한다.

비효율은 결과이자 동시에 과정에서 드러나는 모습이기도 하다. 효율적으로 일하고 싶은가? 그렇다면 세 가지 원인을 해결하면 된다.

① 업무에 시간을 지나치게 많이 쓴다면 우선 집중력을 체크하자. 중간에 자주 일을 멈추는 경우는 집중력을 높이는 훈련이 필요하다. 다른 사람 때문에 업무를 중단하는

일이 많은 경우는 소통을 통해 협력 관계인 동료들에게 업무를 배분할 필요가 있다.

② 업무 결과물의 품질이 불안정하다면 업무 프로세스 중간중간에 품질을 확인하는 체크 포인트를 두자.

③ 업무 목표와 어긋나게 일 처리를 하고 있다면 사전에 목표를 분명하게 정리하고 업무 프로세스가 목표에 맞게 짜였는지 점검한다.

이어서 세 가지 원인을 해결하는 방법을 구체적으로 하나씩 살펴본다.

⑲ 업무 효율 올리기 1 :

능동적으로 시간을 배정한다

앞서 거론한 제품 기획자 서하는 성격이 좋고 다른 사람의 일을 기꺼이 돕는다. 그래서 동료가 찾아오면 하던 일을 즉시 중단하고 이야기를 나눈 뒤에 다시 하던 일을 계속한다.

서하는 영업 부문과 기술 부문 중간에서 조율하는 업무를 맡고 있기에 스스로 시간을 통제할 권한이 없다고 느낀다. 팀장 정도는 돼야 자기 시간을 결정하고 배정할 수 있다고 여겼다. 본인이 계획을 잘 세웠더라도 팀장 같은 리더가 담당 업무를 배정해 주거나 업무 지시를 새롭게 하면 어차피 계획대로 일을 진행할 수 없으니, 그럴 바에는 아예 자기 시간을 계획하지 않는 편이 낫다고 생각했다.

서하에게서 보이는 '어차피 계획대로 안 될 텐데 굳

이?'라는 식의 태도와 생각은 사실 흔하게 접할 수 있다.
나는 SNS 팔로워들에게서 이런 이야기를 자주 듣는다.

업무 효율을 떨어뜨리는 수동적인 태도와 생각

‣ '팀에서 배정된 어떤 일을 해야 하는데, 내가 잘하는 일도 아니
고 좋아하는 일도 아니다.'

‣ '나한테 맡겨진 일을 감당할 능력은 있는데, 그 일이 내 능력을
키우는 데는 별로 도움 되지 않는다.'

‣ '상사 스타일상 내가 찾아가서 대화를 나누더라도 내 문제를 해
결해 주지 않을 것이다.'

‣ '팀 동료에게 내가 돕겠다고 해도 고마워하지 않을 것 같다.'

수십 년간 전 세계를 석권한 스티븐 코비 박사의 《성공하는
사람들의 7가지 습관》에서 첫 번째로 꼽은 습관이 바로 '자
기 주도적인 삶을 사는 것'이다. 어떻게 생각하느냐는 우리
행동에 영향을 미친다. 예를 들어 직장에서 '스스로 할 수
있는 일이 아무것도 없는 기분이다'라고 생각하면서 업무
를 하면 쉽게 무력감을 느끼고 자포자기하게 된다.

능동적으로 사는 사람은 어떻게 당면 문제들을 대할
지 알아서 결정하고 직장생활을 주도적으로 이끌어 간다.

아무리 말단 직원이라도 자신의 업무를 잘 들여다보면 부분적으로 통제권을 가지고 있는 업무가 분명 있다. 그 작은 일부터 시작해서 능동적인 사고방식을 길러 보자. 특히 일 처리를 할 때 본인 스스로 일정과 시간을 배정하는 권한을 포기해서는 안 된다.

효율적으로 일하는 방법과 기술과 관련해 네 가지 원칙을 제시한다.

원칙1. 업무 스케줄에서 항상 여유 시간을 남겨 둔다.

회사 업무는 내부든 외부든 협업하는 경우가 많다. 그만큼 업무 처리에 소통은 필수고, 소통에 시간도 많이 쓰게 된다. 이것이 업무 스케줄상 항상 여유 시간을 남겨 두어야 하는 이유다.

비슷한 업무를 담당하지만 효율 측면에서는 전혀 다르게 일하는 프로그래머들의 이야기를 소개한다. 서윤은 오전 10시에 출근해서 첫 업무로 메일을 정리한다. 대충 정리가 끝나면 점심시간이다. 점심을 먹고 잠깐 쉬다가 오후 2시가 넘어 본격적으로 업무 모드에 들어간다. 그런데 늘 방해꾼이 있어서 5시나 돼야 비로소 자기 일을 할 시간이 생긴다. 그때부터 부랴부랴 일하다 보면 어느새 저녁이다.

밤 9시 퇴근도 부지기수다.

서환은 아침 8시 반에 회사에 출근한다. 다른 사람들이 서윤처럼 10시에 출근하기 때문에 그때까지 혼자 조용히 업무를 본다. 그리고 자신이 컨트롤할 수 있는 회의와 만남은 가능하면 오후 4시 이후로 조정한다. 각종 업무 소통을 마친 뒤에는 집중해서 잠시 업무를 보다가 6~7시에 귀가한다.

하루를 놓고 근무 시간을 보면 두 사람이 비슷하다. 하지만 서환은 스케줄을 자신의 업무 중심으로 관리해서 훨씬 효율적으로 일하고 있다.

원칙2. 집중력을 높여 단위 시간당 업무 효율을 높인다.

효율적으로 일하려면 뭐니 뭐니 해도 집중력을 올려야 한다. 그런데 사람마다 각자 편한 방식이 있다. 메일과 휴대폰 알람 기능을 끄고 집중해서 업무를 볼 수도 있고, 멀티태스킹을 하지 않는 방법도 있다. 이 일을 했다가 저 일을 했다가 하면 뇌에 피로감이 쌓이고 집중력이 떨어지기 마련이다. 집중해야 할 때 내가 자주 쓰는 방법은 이어폰을 끼고 휴대폰 앱으로 백색 소음이나 비 내리는 소리를 듣는 것이다. 그러면 금방 집중 모드에 들어갈 수 있다. 업무 집중력은 〈23. 근육 만들 듯 집중력을 키워 일에 몰입하는 법〉에서 더욱 자세히 다룰 테니 참고 바란다.

원칙3. 프로세스를 최적화하고 도구를 활용해 업무를 자동화한다.

예를 들어 팀 전체가 참고해야 하는 보고서와 관련 데이터가 있다고 치자. 보고서 파일이 열리는 속도가 느리다면 파일 크기를 줄이고, 공유 데이터 다운로드 속도가 느리다면 각자 다운로드하지 않고 한 사람만 다운로드한 뒤 팀원들에게 전달한다. 이런 식으로 한 사람이 10분씩만 줄여도 팀 전체로 보면 효율이 대폭 상승한다.

여러 가지 업무 도구도 활용한다. 엑셀Excel이나 파이선Python 등은 반복 작업을 자동으로 실행해 주는 도구다. 이런 도구를 처음부터 전문적으로 배울 필요는 없다. 일하면서 필요를 느꼈을 때 인터넷으로 검색해 상황에 맞는 활용법을 익히는 편이 낫다. 그리고 자신이 속한 조직의 효율성을 크게 개선해 줄 유용한 도구라면 아예 전문 부서에 의뢰해 내부 툴을 개발할 수도 있다.

원칙4. 책임자라면 부서원 등에게 업무를 위임한다.

주요 책임자로 승진해 부서원이나 인턴을 관리하게 됐다면 이들과 함께 업무를 더 효율적으로 완수해 보자. 이때 세 가지 사항을 주의하도록 한다.

① 일의 중요도와 긴급도 등을 따져 적임자에게 위임한다. 중요하고 급한 일은 그 일이 가장 익숙한 경력자에게 맡기고, 간단하고 마감까지 시간이 넉넉한 일은 신입사원이나 인턴에게 맡겨서 이 기회에 업무를 익히게 한다.

② 상대방에게 원하는 결과, 시간, 업무 배경과 목적을 최대한 분명하게 알려 준다.

③ 업무 마감 일시는 상대방의 업무 능력을 고려해 정한다. 그리고 약간의 여유 시간을 둬 만약의 사태에 대비한다. 만일 부서원이 업무를 마치는 데 3일이 걸린다고 예상되면 하루를 여유 시간으로 둔다. 마지막 4일째 되는 날에는 부서원이 스스로 업무 결과를 점검하게 하거나 혹은 부서원이 제출한 업무 결과물을 본인이 검토해 부족한 점을 직접 보완한다.

⑳ **업무 효율 올리기 2:**

합리적 프로세스를 마련한다

팀장이 된 지 얼마 안 된 친구가 있다. 한번은 친구가 팀원 이야기를 꺼냈다. 책임감은 뛰어나지만 꼼꼼하지 못한 탓에 그 팀원이 처리한 업무에서 오류를 잡아낸 적이 한두 번이 아니라고 했다. 그 후로 도무지 마음을 놓을 수가 없어서 자신이 모든 업무를 일일이 점검하느라 너무 피곤하다는 것이다.

친구가 내게 물었다.

"팀원이 나쁜 습관을 고치고 좀 더 진지하게 일하도록 도울 방법이 있을까?"

나는 웃으며 대답했다.

"글쎄…… 오랫동안 굳어진 나쁜 습관이 고작 조언 몇

마디에 간단히 고쳐질까?"

일하면서 이런 상황을 만났을 때 자신이 상대방의 개성과 습관을 바꿀 수 있을 거라는 기대는 하지 않는 것이 좋다. 대신 합리적인 프로세스를 마련해서 상대방이 업무의 질을 높이도록 유도할 수는 있다.

여러분과 여러분이 속한 부서, 회사는 합리적 프로세스를 갖추고 있는가? 잘 모르겠다면 다음 질문에 답을 찾아보며 취약한 부분을 점검해 보자.

우리 조직의 합리적 프로세스를 점검하는 질문

❶ 지금 하는 일을 몇 단계로 나눌 수 있는가?

❷ 팀원이 어느 부분에서 자주 실수하는가?

❸ 업무 과정에서 핵심 단계는 무엇인가?

❹ 업무를 검토하는 사람을 늘릴 단계는 어디인가?

합리적 프로세스가 없는 조직은 매번 경험과 감각에 의존해서 일을 처리하기 때문에 업무 품질이 불안정하고 업무가 누락되기도 한다. 이것이 합리적 프로세스를 만들어야 하는 까닭이다. 실제로 내 친구는 이 질문들을 통해 합리적 프로세스를 새롭게 만들고, 팀원 스스로 업무와 결과물을 검토하게 해 고민거리를 해결했다. 팀원의 덜렁거림도 없어지고 일을 대하는 태도 또한 한층 적극적으로 변했다.

프로세스를 제대로 이용하면 결산하고 조정하는 작업만으로도 팀원 개개인의 업무 능력을 끌어올릴 수 있다. 팀원이 업무를 누락시키지 않게 프로세스의 절차나 목록을 따르게 하고, 팀장은 정기적으로 업무를 체크한다. 그러면 팀원이 많아도 여유 있게 일을 처리할 수 있다.

이쯤에서 'PDCA 사이클'이라는 전통적인 방법을 추

그림3-1 / PDCA 사이클

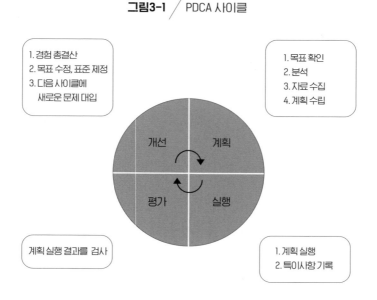

천하겠다. 이 방법은 미국 품질관리 전문가 월터 슈하트 Walter Shewhart가 처음 제시했는데, 윌리엄 에드워즈 데밍 William Edwards Deming이 널리 알린 개념이어서 '데밍 사이클' 이라고도 불린다. PDCA는 '계획Plan-실행Do-평가Check-개선 Action'의 총 4단계로 구성된다(그림3-1). 그리고 이 프로세 스는 한 사이클이 완료된 후 다음 사이클이 시작되는 순환 방식으로 실행된다. 각 단계에서 실패는 교훈으로 남기고 성공은 계속 적용하면서, 최종적으로 한 사이클을 완수한 뒤에 업무를 최적화한다.

부서 간 협력 업무에 적용한 PDCA 사이클

P 계획 업무를 몇 부분으로 구성할지, 부분별로 업 무 시간을 어떻게 배정할지, 각 부서가 어떤 일을 완 수할지, 순서는 어떻게 정할지, 핵심은 어디로 할지 등을 계획한다.

D 실행 부서 간 협력 상황을 실시간으로 공유한다.

C 평가 협력 업무의 결과를 보고서로 정리하면서 평가한다. 이번 협력 업무의 결과가 이전보다 나은지

아니면 못한지, 그 이유는 무엇인지, 문제가 있다면
원인을 파악한다.

A 개선 평가 결과 중 미흡한 점을 개선한다. 다음
번 부서 협력 업무에 반영한다.

일뿐만 아니라 구직에도 PDCA 사이클을 적용할 수 있다.

구직활동에 적용한 PDCA 사이클

P 계획 본인이 가고 싶은 방향을 정하고 자기 경
력과 특징을 분석한다. 그러고 나서 이에 맞는 회사를
찾아 정보를 알아본 뒤, 구직 계획을 세운다.

D 실행 이력서를 제출하고 면접에 응시한다.

C 평가 면접에서 제대로 대답하지 못한 사항들을
검토한다. 면접관과 헤드헌터가 제시한 피드백을 참고
해 어떻게 대답하는 것이 더 적합했을지 생각해 본다.

A 개선 평가 단계에서 정리한 내용을 반영해 다음
구직활동에 대비한다.

때론 그럴듯해 보여도 너무 복잡한 나머지 현실에서 써먹
기 어려운 방법들이 있는데, PDCA 사이클은 실용적인 데
다가 간단하기까지 해서 좋다.

㉑ 업무 효율 올리기 3:

업무 목표에 맞춰 일한다

업무 스타일이 전혀 다른 두 팀이 있다.

A팀은 고객의 요구사항을 접수한 뒤 10주 프로젝트를 진행하는데, 보통 첫 주부터 바로 작업에 들어간다. 그런데 고객이 사전에 미처 생각하지 못한 세부사항을 발견하고 나중에 알려 주는 경우가 종종 있다. 언젠가는 절반 정도 작업이 진행됐을 때 그런 일이 일어났다. 이후 팀원끼리 서로 확실하게 의견을 교환하지 않고 주먹구구식으로 문제를 수습하다가 겨우 제시간에 프로젝트를 끝냈다.

B팀은 10주 프로젝트를 맡으면 절반에 가까운 시간을 팀원 간에 의견을 나누는 데 할애한다. 고객에게 요구사항을 자주 확인하고 팀 내에서도 고객의 의도를 정확하게 이

해하려 끊임없이 소통한다. 그러다 6주 차가 되면 정식으로 작업을 추진한다. 어찌 보면 작업에 조금 늦게 착수하는 듯하지만 그래도 항상 마지막까지 순조롭게 차질 없이 일을 완수한다.

일하다 보면 A팀처럼 시간을 절약하기 위해 소매를 걷어붙이고 곧바로 업무에 돌입할 때가 많다. 의도는 좋지만, 그 전에 업무 처리 방향의 지표가 되는 목표가 있는지부터 살펴야 한다. 만약 팀 전체가 목표도 모르고 업무 기준도 모른다면 팀원은 그저 자신에게 주어진 부분적인 일에만 몰두할 것이다. 이렇게 일해 버리면 결과물이 업무 목표와 다르게 나오거나 최악의 경우 다시 일해야 하는 상황이 발생할 수 있다.

이번 장 첫머리에 등장한 서훈의 에피소드를 기억하는가? 서훈은 동료들과 회의할 때 너무 열심히 토론하다가 정작 논의해야 할 사항을 깜빡했다. 업무 목표를 잊어버리고 만 것이다. 회의가 끝난 뒤에야 이를 깨닫고선 '다시 회의를 소집해야 하나' 하며 난감해했었다.

이제 막 일을 시작한 직장 새내기도 목표를 잘 모르고 업무에 임하기 쉽다. 목표가 궁금하더라도, 어렵게 느껴지는 상사에게 선뜻 질문할 엄두가 나지 않는다. 그러다가 일이 거의 끝나갈 때쯤 자신이 상사의 의도와 전혀 다르게 일을 진행해 왔음을 알게 되기도 한다.

어떤 업무가 주어지든 정해진 목표와 기준에 유념하고, 위아래 직급과 팀 전체가 이해한 내용을 자신 또한 제대로 이해하는 것이 우선이다. 이렇게 한 다음 일을 추진하면 목표를 알지 못하거나 잘못 이해해 생기는 시간 낭비를 최대한 줄일 수 있다. B팀은 프로젝트 전반부에 토론하느라 많은 시간을 보내는 것처럼 보였지만 실제로는 효율적으로 업무를 수행했다. 가장 근본적인 문제와 애로사항을 찾아냈고 이를 해결하는 방향으로 목표를 세우고 일했기 때문이다.

¶

어떤 일을 막 시작했을 때는 목표가 명확하지만, 진행 중에 지엽적인 문제에 사로잡혀 목표를 잊어버릴 때가 종종 있다. 그래서 목표를 분명히 하는 것 외에도 업무를 나눌 때 목표에 따라 우선순위를 결정하는 것이 중요하다.

각 업무의 우선순위를 결정할 때는 '중요성'과 '해결 가능성'을 참고할 수 있는데, 이 두 가지를 기준으로 그래

프를 만들었다(그림3-2).

사분면을 활용하면 업무를 더 명확하게 나눌 수 있다. 제2사분면의 '중요하지 않지만 해결 가능성이 높은 일'은 적은 시간을 들여 빨리 해결하거나 인턴이나 신입사원 등에게 맡겨 해결한다. 그리고 제3사분면의 '중요하지도 않고 해결 가능성도 낮은 일'은 애초에 업무에서 배제해 논외로 한다.

y축을 기준으로 오른쪽은 더 주의를 기울여야 한다. 제1사분면의 '중요하면서 해결 가능성이 높은 일'은 해결 방안을 찾으면서 업무 중요도를 고려해 다른 동료에게 협

그림3-2 / 업무를 구분하는 사분면

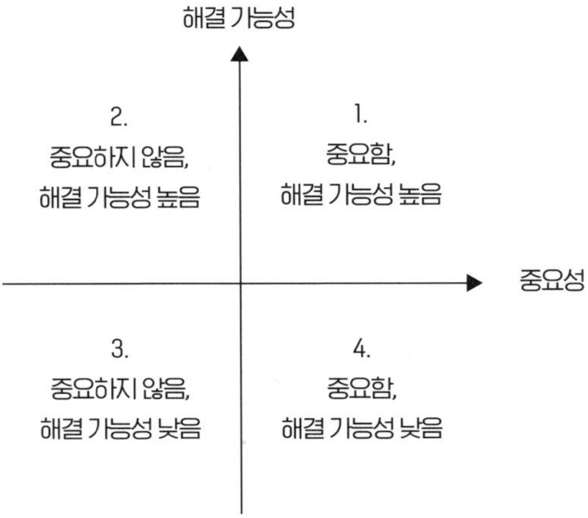

해결 가능성

2.
중요하지 않음,
해결 가능성 높음

1.
중요함,
해결 가능성 높음

중요성

3.
중요하지 않음,
해결 가능성 낮음

4.
중요함,
해결 가능성 낮음

력을 요청하는 등 각별히 주의를 기울여 완수한다. 제4분면의 '중요하지만 해결 가능성이 낮은 일'은 일단 상사에게 조언을 구해 본다. 업무 처리 방향을 어떻게 잡아야 할지 묻고 실마리를 얻어 착실하게 풀어 간다.

이렇게 하면 장기적인 일, 단기적인 일, 복잡한 일, 쉬운 일 등 너무 많은 일이 머릿속을 가득 메우지 않게 하면서 내가 할 수 있는 중요한 일에 에너지를 쏟으며 집중할 수 있다.

신입사원 상당수가 직장에서 불안감을 느낀다. 아직 할 줄 아는 업무의 범위가 좁은 상태여서다. 이런 사람이 제1사분면이 아니라 제4사분면에 지나치게 많은 에너지를 쏟는 것은 불안감을 더 키우는 결과를 가져오기 쉽다. 이는 중요하지만 해결 가능성이 낮은 일을 회피하라는 이야기가 아니다. 자신의 능력치가 어느 정도인지 가늠해 보고 현 단계에서 도저히 해결할 수 없다면 고민하는 데 너무 많은 시간을 쏟지 말라는 것이다. 해결하지 못하는 업무는 마냥 붙들고 있지 말고 최대한 빨리 상사에게 업무 진행 상황을 알리고 도움을 청하는 것이 좋다.

그런 뒤에는 제1사분면의 일에 더 집중하고, 제4사분면의 일은 좀 더 나중에 도전한다. 지금 할 수 있는 일을 착실하게 해 나가다 보면, 어느 순간 업무 능력이 성장해 예전에는 해결할 수 없던 업무를 해결할 수 있게 된다. 제4사분면의 일이 제1사분면의 일로 바뀌는 순간이다.

회사 일은 물론 개인사에도 이 사분면을 적용할 수 있다. 갓 졸업한 직장인에게도 내 집 마련은 중요한 과제다. 하지만 바로 성취할 수 없는 과제이기 때문에 당장은 자기가 할 수 있는 일에 집중해야 한다. 직장에서 꾸준히 업무 능력을 키워 더 괜찮은 일자리와 소득을 얻은 다음, 재무 설계와 재테크를 적극적으로 하겠다고 동기부여 하는 것이 지금 할 수 있는 일이다.

문제가 있을 때 생각만 하고 행동을 하지 않는 사람이 많다. 곧바로 문제를 해결하지는 못하더라도 일단 움직여 보자. 그렇게 함으로써 우리는 문제 해결에 한발 가까워질 수 있다.

마지막으로 업무 목표에 맞춰 일할 때 주의할 점을 하나 더 알아 두자. 바로 '정기적으로 진행 상황을 체크'하는 것이다. 자주 체크하면, 자신이 상사의 업무 지시와 어긋나게 업무를 수행했다는 것을 뒤늦게 알게 되는 일은 없을 것이다.

여기서 다룬 내용을 요약 정리해 보겠다. 업무 초반에

는 업무 목표와 기준을 정확히 하고, 업무를 나눌 때는 목표에 따라 각 업무의 중요성과 우선순위를 정한다. 그리고 업무를 추진하는 과정에서는 정기적으로 진행 상황을 체크한다. 이렇게 하면 업무 목표와 다르게 일이 엉뚱한 방향으로 진행되는 것을 막고 작업 후반부에 뒷손질하느라 시간을 낭비하지 않을 수 있다.

㉒ 일상 업무와 프로젝트 관리에 주효한

점 검 사 항

이번에는 업무의 시작부터 마감까지 전 과정에서 사용할 수 있는 점검사항을 공유한다.

일상 업무 점검사항

❶ 업무 전

‣ 업무가 무엇인지 분명히 알아 둔다. 특히 상사나 선배에게 질문해 목표와 배경에 대한 정보를 얻는다.

‣ 기존 자원이 무엇인지 생각한다. 예를 들어 예전 업무 파일, 인터넷 자료, 책이나 보고서, 책임자, 협업자, 전문가 등이 될 수 있다.

‣ 업무 계획을 세운다. 이때 PDCA 사이클 같은 도구를 이용한다.

❷ 업무 중

‣ 중요도와 해결 가능성을 기준으로 업무들을 분류한다.

‣ 업무마다 해결할 시간을 분배한다.

‣ 업무에 맞춰 도구를 활용한다.

❸ 업무 후

‣ 업무의 성공 여부를 가늠하는 기준을 세워 업무를 평가한다.

‣ 업무를 해결하며 얻은 경험과 교훈을 총정리한다.

‣ 새로 얻은 경험과 교훈 중 다음 업무에 적용할 수 있는 것은 무엇인지 생각해 본다.

나만의 팁을 하나 전수하면, 프로젝트 점검표와 업무 자료를 같은 폴더에 모아 둔다. 그렇게 하면 필요한 정보를 빨리 찾을 수 있고 시간도 절약된다.

표3-1 / 프로젝트 점검표 예시

항목	내용	책임자	진행 상황 (1주)	상태	진행 상황 (2주)	상태
기획, 실행	XX 계획 수립, 계획 실행	A	초기 기획안 완성	□	회의 소집	□
설계	설계 작업 완료	B	XX개 버전 제출	□		
제품	제품 파일 준비	C	초기 기획안 보류	△		
기술	XX 기능 개발 완성	D	세부사항 논의 필요	○		

* 업무 상태 표시: 위험(○), 정체(△), 양호(□).

㉓ 근육 만들 듯 집중력을 키워

일에 몰입하는 법

많이 사람이 다른 일을 하다가도 휴대폰을 자주 들여다본다. 그러다 보니 주의를 집중하기도 어렵고 업무 효율도 떨어져 불안해진다. 이런 증상을 가리키는 의학 용어가 있다. 바로 '주의력 결핍 증세Attention Deficit Trait, 이하 ADT'다.

최근 ADT를 겪는 사람이 늘어나는 추세인데, 사실 ADT는 질병도 아니고 성격적 결함도 아니다. ADT는 정보량이나 업무량이 뇌가 처리할 수 있는 범위를 넘어설 때 뇌에 과부하가 걸려서 생긴다. 여러분도 여러 일이 한꺼번에 몰려 우왕좌왕했던 경험이 있을 것이다. 예를 들면 이런 상황 말이다. 어떤 업무를 다 마무리하기도 전인데 상사에게 불려 가 다른 업무를 잔뜩 배정받았다. 그런데 갑자기 집에서 전화가 와 가족 중 누가 아프니 일찍 퇴근하라고 한다. 그때 마침 동료가 협업 중인 업무에 문제가 생겼다고 말한다. 이럴 때는 무엇을 어떻게 해야 할지 막막해지고 만다.

누구든 이런 상황에 놓이면 쉽게 주의가 산만해지고 인내심이 부족해진다. 비슷한 상황이 반복되면 금방 몸과 마음이 피폐해지며, 업무 효율도 당연히 떨어진다.

일과 중에 업무를 자주 바꾸며 처리하면 안 되는 이유도 같은 맥락에서 이해할 수 있다. 업무를 A에서 B로 바꿀 때 주의력은 즉시 이동하지 않고 A에 얼마간 머무른다. 즉, 하던 일을 자주 바꿀수록 주의력이 분산돼 차후 업무에 악영향을 미친다. 여러분이 보고서를 쓰다가 새로운 메일이 온 것을 보고 회신한 뒤 다시 보고서를 쓰게 되면 뇌의 피로가 가중돼 보고서 작성이 잘 안 된다는 소리다. 물론 직장생활에서 모든 것을 내 뜻대로 할 수는 없다. 반드시 먼저 처리해야 하는 급한 업무가 생기면 어쩔 수 없지만, 여러분이 통제할 수 있는 상황이라면 최대한 업무를 자주 바꾸지 않는 편이 좋다.

나는 이 사실을 안 이후로는 되도록 한 업무를 일관성 있게 처리하고 나서 다른 업무로 넘어간다. 이 책을 집필할 때도 먼저 글부터 썼다. 그 과정에서 도표가 필요한 부분은 일단 표시해 두었다가 나중에 만들었다.

집중력은 작업 효율을 높일 뿐 아니라 미래 경쟁력이 된다. 미국 컴퓨터공학자 칼 뉴포트는 저서 《딥 워크》에서 "지식 노동자가 많아지면서 집중력이 미래에 핵심 경쟁력이 되고 중요해질 것"이라고 전망했다. 그에 따르면, 고품질의 작업 산출물은 시간과 집중도를 곱한 값이다.

그렇다면 근육을 키우듯 집중력을 키우는 방법도 있을까? 내가 효과를 본 방법은 명상이다. 명상을 하면 감정 통제 능력을 키울 수 있고 부정적인 감정의 간섭을 적게 받아 집중하는 데 유리하다.

《심리학과 생활Psychology and Life》이라는 책에 따르면, 명상은 대뇌피질 신경원의 손실을 늦추고 피질의 두께를 유지하는 데 도움이 된다. 나이가 들면서 피질의 두께가 얇아져 기억력 감퇴, 치매 증상 등이 나타날 수 있는데, 주의력을 내부와 외부 감각에 집중하는 명상은 대뇌에 긍정적으로 작용한다.

어떤 연구에서 여성 심장병 환자들이 8주 동안 집중해서 명상하는 훈련을 했다. 훈련이 끝난 후 조사해 보니, 환자들은 모두 훈련 전보다 초조함을 덜 느꼈다. 또 다른 실험에서는 외부에서 강한 자극(전기 충격)을 가했을 때 인간의 감정을 생성, 식별, 조절하는 부위인 편도체가 사람마다 활성도가 달랐다. 그중 명상 훈련을 한 사람의 대뇌 편도체 활성도는 명상 훈련을 하지 않은 사람보다 낮게 나타났다. 다시 말해서 외부 상황이 변했을 때 명상 습관이 있는 사람은 감정 변동 폭이 크지 않고 안정적인 데 비해, 명상을 하지 않는 사람은 감정 변동 폭이 커서 이를 해소하려면 시간이 많이 걸렸다.

집중력은 타고나는 것이 아니다. 후천적인 훈련으로 얼마든지 집중력을 키울 수 있다. 운동할 때 몸의 근육 하나하나에 집중하듯 항상 자신의 최근 집중력을 체크하고, 명상 등의 방법으로 집중력이 높은 상태를 유지하도록 하자. 명상 외에도 깊은 수면, 아로마 테라피가 집중력 향상에 도움을 준다고 한다.

제4장 소통과 협상:
동료들로부터 원하는 것을 얻기

㉔ 소통은 수단일 뿐,

그렇다면 목적은 무엇일까?

얼마 전 화상 회의를 하는데 어떤 팀장이 나에게 "그 프로그램 내용이 뭐였지요?"라고 질문해서 놀란 적이 있다. 그 프로그램은 매주 공유되는 주간 보고서에서 단독으로도 다루어졌을 만큼 중요한 업무였기 때문이다. 그 팀장은 주간 보고서 수신인 중 한 명인데도 아주 기본적인 사항을 물은 것이다. 나는 이해가 가지 않았다. 당연히 알고 있어야 할 것을 왜 모르고 있단 말인가. 그런데 문득 이런 생각이 들었다. '메일을 받았다고 해서 수신인들이 주간 보고서를 꼭 읽어 보는 건 아니구나……. 또 읽긴 했어도 자세히 안 봤을 수도 있겠고.'

나는 메일로 정보를 보냈으니 수신인들과 소통했다고

여겼다. 정작 수신인이 정보를 확인하지 않았을 줄은 몰랐다. 이 일은 소통의 목적에 대해 깊이 생각해 보는 계기가 되었다. 소통을 잘하려면 '목적에 맞게' 소통해야 한다. '왜 소통해야 하는가'라는 질문의 답이기도 한 소통의 목적은 몇 가지로 구분할 수 있다.

목적1. 정보 전달

내가 그랬듯 사람들 대부분은 정보를 전달할 때 '도달'이 아니라 '전송'에 집중한다. 하지만 전달이 곧 상대방의 수신을 의미하지 않기에, 정보 전달 후에 상대방이 잘 받았는지 확인하는 것은 필수다.

사람들은 자기 생각이나 관점을 상대에게 전달한 뒤 보통 이렇게 묻는다. "제 말이 무슨 뜻인지 이해하셨나요?" 그런데 그보다는 이렇게 묻는 것이 훨씬 낫다. "제가 제 뜻을 분명하게 전달했습니까?" 전자는 상대방에게 책임을 넘기는 화법이지만, 후자는 소통 과정에서 정보 전달자가 주된 책임을 지는, 감성 지수가 높은 화법이다.

목적2. 영향력 발휘

직장에서 영향력은 상대방이 어떤 일을 하기 바라거나 궁정적인 감정을 불러일으키는 것이다.

언젠가 우리 팀에 있었던 일이다. 당시 주요 사업이 순조롭게 진행되지 않아 팀원들의 사기가 많이 떨어졌었다. 그러자 팀장이 팀 전체 회의에 고위 임원을 초청했다. 회의 전만 해도 다들 평범한 격려와 응원의 말을 듣게 되겠거니 생각하고 있었는데, 뜻밖에도 그 임원은 직접 겪은 일을 생생하게 들려주었다. 어찌나 놀라운 이야기던지 회의실이 이내 쥐 죽은 듯 조용해졌다. 성공해서 걱정이 없어 보이는 그도 남이 상상하기 힘든 인생의 좌절이 있었다는 것, 이후 다시 일어선 그는 용기가 정말 대단했다는 것이 모든 직원에게 전해졌다. 그날 임원의 이야기에 감동받았다는 팀원들이 많았다. 이후에도 우리는 종종 그날의 이야기를 서로 나눴다. 그 덕분인지 우리 팀의 사업도 점차 정상 궤도에 올랐고, 그해 사업 목표를 결국 달성했다. 이처럼 소통은 원하는 바를 이루는 데 도움을 줄 수 있다.

소통할 때는 '무엇을 말하는가', '어떻게 말하는가'는 물론, '누가 말하는가', '언제 말하는가'도 중요하다. 우리는 평소에 대개 편하게 소통하지만, 이왕이면 상사가 기분 좋을 때 휴가를 신청한다든지, 사내에서 제품 시연을 하는 자리에 가장 말을 잘하는 팀원을 시연자로 내보낸다든지 하면 이전보다 더 나은 결과를 얻을 수 있다.

이외에도 소통 목적으로는 관계 형성, 상호작용 생성, 신뢰 구축 등이 있다. 소통을 잘하면 인간관계를 맺는 데 분명 도움이 된다.

그런데 가끔 이렇게 불평하는 지인들이 있다. "난 성격이 직설적이잖아. 당연히 회사에서 아부 같은 건 안 해. 남들이 적극적으로 상사나 동료와 좋은 관계를 맺으려고 애쓰는 모습이 영 눈꼴시다니까." 직장인이라면 이런 생각과 태도는 고치는 것이 좋다. 다른 사람과 좋은 관계 맺기를 거부한다면 살아가며 어떤 소통을 하든 많은 문제에 부딪힐 것이다.

지금까지 소통 목적을 몇 가지 살펴보았다. 다른 사람과 소통하면서 의식적으로 나를 변화시키는 데 조금만 더 신경 쓴다면 소통의 효과가 눈에 띄게 좋아질 것이다.

㉕ | 일 잘하는 사람은

상대에게 맞춰 말한다

직장에서 다른 사람과 소통할 때 고려할 주된 요소는 두 가지다. 첫째는 소통하는 대상과의 관계다. 둘째는 소통 대상에 맞춘 다양한 소통 방식이다.

첫 번째 요소인 소통 대상과의 관계는 소통할 때 '누구에게 들려주는가'를 고려하라는 것이다. 직장에서는 경영진, 직속 상사, 부하 직원 등 소통 대상이 다양하다. 이때 업무 관련도를 생각해 대상에 따라 소통 내용 중 뺄 것은 빼고 더할 것은 더하는 요령이 필요하다. 같은 업무 보고라도 경영진은 아주 자세한 부분까지 알 필요가 없으니 핵심 정보만 전달하면 충분하다. 이에 비해 직속 상사에게는 세부사항을 모두 전달해야 한다.

프로젝트 진행 상황을 보고한다고 가정해 보자. 경영진이 자세하게 묻지 않으면 프로젝트가 전체적으로 어디까지 진행됐는지, 지연될 위험은 없는지, 언제쯤 대략적인 방안과 제품이 나오는지 정도만 말한다. 하지만 직속 상사에게는 여기에 추가로 어떤 문제가 발생했을 때 어떻게 해결했는지, 어느 부서가 협조적이고 비협조적인지, 잠재적인 리스크가 무엇인지까지 설명한다.

'누구에게 들려주는가'를 고려하지 않으면 소통은 매끄럽지 못하고 비효율적으로 진행된다. 회의 때 경영진에게 너무 시시콜콜하게 보고했다가 참다 못한 경영진에게 이런 소리를 들었다는 동료의 경험담도 있다. "말이 장황하군. 그래서 자네가 전달하려는 내용이 뭐지? 데이터가 뭐가 어떻다는 거지? 그게 나랑 무슨 상관이 있나? 내가 뭘 도와줘야 하는 건가?"

나도 신입 시절 소통에 미숙했던 경험이 있다. 중요한 프로젝트를 시작하기에 앞서 진행 상황을 논의하는 회의 자리였다. 경영진이 던진 질문에 나는 "현재 리스크와 문제점이 몇 가지 있습니다"라고 '성실'하게 답변했다. 이어서 세부 내용을 설명하는데 이상하게 분위기가 다소 경직된 것이 느껴졌다. 잠시 뒤 내가 "먼저 설명한 문제점을 아직은 완전히 해결하지 못했지만 곧 해결할 것 같습니다"라고 말하자 그제야 다들 안도의 한숨을 내쉬는 소리가 들리는 게 아닌가. 회의를 마친 다음, 선배가 나를 불러 조언을 건넸다.

"이런 회의에서는 결론부터 말하지 않으면 듣는 사람이 긴장해요. 그리고 해결될 문제는 굳이 자세하게 설명하지 마세요. 사람들을 불안하게 할 수 있어요. 정 다른 사람과 의논하는 게 필요하면 직속 상사와 개인적으로 이야기하면 됩니다."

소통할 때는 상대의 지위와 신분에도 신경 써야 한다. 상대방이 이해할 수 있는 언어를 사용하면 더 좋다. 예를 들어 기술직이 다른 비기술직 동료와 소통할 때 전문 용어를 많이 쓰면 상대는 잘 알아듣지 못하기 마련이다.

언젠가 내가 면접관으로 참석한 면접에서 한 지원자가 자율주행 관련 전문 용어를 쏟아 낸 적이 있었다. 그곳은 자율주행과 전혀 상관없는 기업의 면접장이었고, 면접관들도 배경지식이 없었다. 상황에 맞지 않는 발언으로 면접관은 지원자를 이해하는 데 어려움을 겪었다. 꼭 필요한 상황이 아니라면 전문 용어는 되도록 사용하지 말자.

두 번째 요소는 소통 대상에 맞춘 소통 방식으로, '상대가 어떻게 말하는가'를 고려하라는 것이다. 그러려면 상대를 관찰해야 한다. 전체 흐름과 세부 내용 중 어디에 더 집중하는지, 사건의 전후 사정과 다음에 취할 행동 중 어느 쪽을 더 주목하는지, 사람과 일 중 어느 쪽에 더 관심 있는지, 대화를 주도하는 쪽인지 아니면 상대방의 대화를 따라가는 쪽인지⋯⋯. 이런 사항을 살펴보면 상대의 소통 방식을 어느 정도 파악할 수 있다.

¶

상대의 소통 방식을 파악한 다음에는 그에 맞춰 소통하면 된다. 이때 유용한 것이 'DISC 행동 유형'이다. 이는 컬럼비아대학교 심리학과 교수였던 윌리엄 마스턴William Marston 박사가 만든 유형 검사로, 상대방의 업무상 행동 양식을 알 수 있다.

D형(Dominant Type)

특징 외향적, 주도적인 성향으로 업무 지향적인 행동을 하는 유형이다.

소통법 이 유형과 소통할 때는 단도직입적으로 말한다. 만약 내가 업무상 잘못했으면 앞으로 어떻게 할지는 자세히 말하되 원인 분석에 대한 언급은 간단히 한다.

I형(Influential Type)

특징 사교적, 외향적으로 사람 지향적인 행동을 하는 유형이다.

소통법 이 유형과 소통할 때는 열정을 솔직히 드러내고 다양한 표정을 보여 준다. 즐거운 일은 많이, 언짢은 일은 적게 말한다.

S형(Steady Type)

특징 안정적, 내향적이면서 사람 지향적인 행동을 하는 유형이다.

소통법 이 유형은 사람은 오래 겪어 봐야 안다는 신념이 있어서 신뢰를 얻는 데 시간이 걸린다. 이 유형과 소통할 때는 믿음직하게 일 처리하는 모습을 보여 주고, 감정적인 유대 관계를 쌓는다.

C형(Conscientious Type)

특징 신중하고 내향적이면서 업무 지향적인 행동을 하는 유형이다.

소통법 이 유형은 세부 내용에 주목하고 논리적인 분석력이 뛰어나며 규정을 잘 지킨다. 따라서 이 유형과 소통할 때는 예상치 못한 질문에 당황하지 않도록 충분히 준비한다. 그리고 상대가 이해하기 쉽게 일의 배경과 원인부터 차근차근 말한다.

DISC 행동 유형이 현실에서도 잘 통할까? 하루는 내 친구가 상사 이야기를 꺼냈다. 두 명의 상사와 연달아 회의를 했는데, 친구가 감기에 걸려 기침을 했다는 것이다. 상사 중 한 명은 친구가 기침하든 말든 신경 쓰지 않았고, 또 다른 상사는 기침하는 친구를 걱정하며 에어컨을 직접 *끄기*

까지 했다고 말했다.

이 이야기를 들은 나는 친구에게 물었다. "혹시 상사가 각각 C형과 S형이지 않아?" 마침 회사에서 DISC 행동 유형 연수를 받은 친구였는데 깜짝 놀라며 "어떻게 알았어?" 하고 되물었다. 사람마다 생각도 행동도 다르므로 업무상 행동 양식도 다를 수밖에!

지금까지 소통할 때의 주의사항과 행동 유형별 소통법을 살펴봤다. 이를 활용한다면 업무를 더욱 효율적으로 할 수 있을 뿐 아니라, 좋은 인간관계까지 쌓을 수 있다.

㉖ 까다로운 소통 문제를 해결하는

5단계 대화법

우리는 직장과 일상 생활에서 자주 소통 문제를 겪는다. 다른 사람의 부탁을 거절해야 하거나, 상대에게 조언을 요청해야 하거나, 힘든 상황에서 도와달라고 말해야 할 때가 있다.

이런 상황에서 유용한 대화법을 소개한다. 이 대화법은 총 5단계로 구성돼 있다.

까다로운 소통을 돕는 5단계 대화법

▸ 1단계 : 상황을 설명하고 우려되는 점을 전한다.

▸ 2단계 : 의견을 전달한다.

▸ 3단계 : 소통 목적을 분명히 한다.

> ‣ 4단계: 상대의 의견을 경청한다.

> ‣ 5단계: 일어날 수 있는 나쁜 결과를 확실하게 말한다.

그럼 구체적인 사례에 이 대화법을 적용해 보자.

내 친구가 베이비시터를 구했는데 문제가 생겼다. 베이비시터의 일 처리가 미흡해서 생각 끝에 어렵게 말을 꺼내면 정작 베이비시터가 대수롭지 않게 여긴다는 것이다. 베이비시터는 습관적으로 침대에서 아기의 기저귀를 확인했다. 친구가 그렇게 하면 침대 시트나 옷이 금방 더러워질 수 있으니 침대 위에 수건을 깔거나 화장실에서 아이를 씻길 때 기저귀를 갈아 달라고 했지만, 베이비시터는 계속해서 원래 하던 대로 일했다. 친구는 도무지 베이비시터와 어떻게 소통할지 모르겠다며 내게 고충을 토로했다.

나는 친구에게 5단계 대화법을 알려 주면서 이렇게 이야기해 보라고 했다.

"저는 시터님이 하시던 대로 하면 옷도 더러워지고 아이 손도 쉽게 더러워진다고 생각해요. 옷이 더러워지면 시터님이 다시 빠셔야 하니까 번거롭잖아요.〔1단계〕그래서 제 생각에는 적어도 침대 위에 큰 수건을 한 장 깔거나 화장실에서 기저귀를 벗기는 게 나을 것 같아요.〔2단계〕다른 부분은 시터님 방식대로 하셔도 좋지만 몇 가지 정도는 제 뜻을 따라 주셨으면 해요. 저는 정말 시터님의 도움이 필요한데 이런 방식은 받아들이기 힘들어요. 물론 시터님이 저보다 경험이 많으시지만 집마다 생활 습관이 다르잖아요. 저도 제 생각이 있고요. 저는 저한테 협조해 주실 수 있는 베이비시터가 더 필요해요.〔3단계〕 우리 당분간 서로 적응하는 시간을 가져 보면 어떨까요?〔4단계〕 그래도 시터님이 계속 기존 방식을 고집하신다면 저한테 맞춰 주실 수 있는 다른 분을 찾아야 할 것 같아요.〔5단계〕"

예전에는 나도 이런 상황을 처리하는 것이 힘들었는데, 미국의 경영 컨설턴트 조셉 그레니 등이 쓴 《결정적 순간의 대화》라는 책에서 구체적인 대화 사례를 읽은 뒤 일상에서 많은 도움을 받았다.

5단계 대화법도 이 책의 대화 사례를 자주 활용하다가 내 상황에 맞게 추가하며 정리할 수 있었다. 특히 앞으로 일어날 수 있는 나쁜 결과를 확실하게 말해서 상대의 주의를 끄는 5단계는 섬세한 뉘앙스를 담아 적절히 적용하면 언제나 즉각적인 상황 개선으로 이어졌다.

¶

5단계 대화법은 회사에서도 쓰임이 많다. 후배에게 업무상 문제점을 지적할 때, 승진에 관해 상사에게 의견을 전할 때 등 말을 꺼내기 힘든 상황에서 활용하면 대화의 물꼬를 트는 데 도움이 된다.

　어느 직장 선배는 실수가 잦고 실적이 부진한 직원과 이야기를 나눌 때 다음처럼 이 대화법을 적용했다.

　"같은 실수가 반복되고 팀에 안 좋은 영향을 끼친다는 건[1단계] 그 일이 당신에게 적합하지 않아서일 수 있어요.[2단계] 우선 개선할 시간을 줄게요.[3단계] 그런데도 좋아지는 기미가 보이지 않으면 업무 배정을 다시 할 수밖에 없어요.[5단계]"

　승진과 연봉에 관해 상사와 논의하는 상황도 소통하기 까다롭다. 5단계 대화법을 활용해 이렇게 이야기해 보자.

　"제가 지금 직책으로 일한 지도 ○년 됐고 ○○○한 실적과 성과를 거뒀습니다.[1단계] 앞으로 더 많은 것을 하고 싶기도 하고요.[2단계] 그래서 가능하다면 더 광범위한 업무를 볼 수 있는 직책으로 승진하면 좋겠습니다.[3단계] 이번 기회에 팀장님의 의견이나 조언을 듣고 싶습니다. 부디 팀장님의 도움을 받을 수 있으면 좋겠습니다.〔4단계〕"

이 과정에서는 불평이나 불만은 자제한다. 또한 문제를 해결하는 방향으로 이끌어야 하므로 5단계는 생략한다.

사람들은 누구나 소통의 어려움에 직면한다. 나는 어려운 소통을 앞두면 미리 대본을 작성해서 연습한다. 다양한 사례에 적용해 본 결과, 5단계 대화법은 언제나 효과적이었다. 여러분도 이를 익히고 연습도 충분히 한다면 실전에서 큰 효과를 볼 수 있을 것이다.

㉗ 정보 불일치와 정보 부족 체크는

소통의 첫걸음

소통에서 '명확하게 정의하기'와 '변동 사항 알리기'는 기본이다. 이 둘은 정말 기본이라 지키지 않으면 문제가 일어나고, 결국 소통에 실패하게 된다.

　내 경험을 하나 들려주자면, 어느 날 야근을 하고 밤 10시 30분에 집에 왔는데 아이가 울고불고 난리였다. 그래서 남편한테 "몇 시에 우유를 먹였어?"라고 물었더니, 남편이 "9시에 먹였지"라고 했다. 아이는 보통 두세 시간마다 분유를 먹는다. 분유를 먹은 지 1시간 30분밖에 안 됐으니, 배가 고파 우는 것은 아니라고 생각하고 아이를 달랬는데 아무래도 울음을 그치지 않았다. 온갖 방법으로 달래던 중에 혹시나 싶어 젖병을 물렸더니, 아이가 금세 울음을 뚝

그쳤다. 나는 "이상하네. 왜 1시간 30분 만에 배가 고팠던 거지? 여보, 9시에 분유 먹인 게 맞아?"라고 남편에게 물었다. 그랬더니 이러는 게 아닌가. "아, 9시에 분유를 다 먹었어." 남편은 아이가 분유를 다 먹은 시간을 말했고, 나는 그 시간을 먹기 시작한 시간으로 잘못 이해한 것이다. 아이가 8시 30분에 분유를 먹기 시작했다면 두 시간 뒤인 10시 30분에 배가 고파졌을 수 있다. 이는 우리 부부가 시간에 대해 잘못 소통하는 바람에 생긴 문제였다.

잠시 뒤 아이가 분유를 다 먹었는데도 이상하게도 울음을 그치지 않았다. 한참을 달랬지만 원인을 찾지 못했다. 그래서 나는 남편에게 분유를 몇 밀리리터나 탔는지 물었다. 그러자 남편은 이렇게 대답했다. "수유 간격이 짧은 것 같아서 평소보다 분유를 30밀리리터 적게 탔는데……." 어쩐지. 30밀리리터를 보충해 주니 아이가 차츰 조용해졌다.

이날 우리 부부는 비슷한 실수를 되풀이하지 않도록 대화할 때 지킬 두 가지를 약속했다. 하나는 '시간을 분명하게 정의한다'이다. 앞으로는 '아이가 몇 시에 분유를 먹었다'를 먹기 시작한 시간으로 이해하기로 했다. 또 하나는 '분유량이 평소와 달라졌다면 상대에게 알린다'이다.

¶

우리 부부가 정한 원칙들은 '정보 불일치'와 '정보 부족'으로 발생하는 문제를 사전에 방지해 준다. 회사의 복잡한 업무를 처리할 때도 도움이 되는 원칙들이다.

정보 불일치는 예를 들면 이런 것이다. 어떤 사장이 "경영 상황을 개선해야 한다"라고 말했다. 이에 직원 A는 '매출 개선'을 생각한다. 직원 B는 '수익률 개선'이라고 생각한다. 직원 C는 '더 많은 고객을 붙잡아 두는 고객 경험 개선'이라고 생각한다.

만약 사장이 뒤이어 '경영 상황 개선'이 무엇을 가리키는지 명확히 설명하지 않으면 어떤 일이 벌어질까? 직원 A, B, C는 각자 이해한 대로 개선 방안을 만들 것이다.

누구든지 업무를 분배하거나 배정받거나 문제를 논의할 때는 절대로 '상대가 알아들었겠지' 하고 그냥 넘어가면 안 된다. 모든 목표, 새로운 개념을 확실하게 정의하고 설명해야 엉뚱하게 일하는 것을 사전에 막을 수 있다.

이번에는 정보 부족의 사례다. 신입사원 서율이 속한 부서에서는 공동으로 데이터 정리를 하고 있다. 그리고 서율은 몇 주 동안 매주 선임들이 업데이트하는 자료를 취합하는 업무를 맡았다. 그러면서 좋은 뜻으로 자료에서 정보가 오래됐거나 오류가 있는 부분을 수정하고 보충했다. 문제는 정작 이 작업 내용을 상대에게 알리지 않았다는 것이다. 데이터 정리 프로젝트가 막바지에 다다랐을 때, 부서장이 서율에게 금주 내 최종적인 업데이트 자료를 달라고 했다. 이에 서율은 선임들에게 메일을 보내면서 "마지막 작업입니다. 최신 파일에서 최종적으로 업데이트해 주세요"라고 적었고, 선임들은 메일 내용에 충실하게 지난주까지 제출했던 자료를 총정리하고 새 데이터를 더해 서율에게 보냈다. 서율이 확인해 보니 여태껏 혼자 조용히 수정하고 보충했던 파일과는 전체적으로 달라진 게 아닌가. 서율이 몇 주 동안 했던 작업은 소용없게 돼 버렸다.

회사에서 공동 작업을 할 때는 문서를 작성하고 수정 사항도 알 수 있는 구글독스라든지, 변경내용 추적과 메모 기능이 있는 워드프로그램을 사용하면 편하다. 그 밖에 웬만한 프로그램에는 공동 작업을 위한 기능이 잘 마련돼 있다.

⓰ **업무 효율을 두 배로 올리는**

메 일 쓰 기

언젠가 화상 회의로 협력 업체와 프로젝트 회의를 했을 때다. 회의를 마친 지 얼마 안 된 시간, 협력 업체의 담당자인 서영이 메일을 보내왔다. 회의에서 언급했던 업무들에 일련번호를 매겨 정리해 공유한 것이다. 그뿐 아니라 업무와 함께 각 책임자까지 표시해 두어 프로젝트 진행 상황을 한눈에 파악할 수 있었다. 이후에도 서영은 회의 때마다 매번 이렇게 업무 정리 메일을 보내왔다. 덕분에 그 업체와 효율적이고 순조롭게 협업할 수 있었다.

그런데 모든 사람이 서영 같지는 않다. 나는 서영과 전혀 다른 업무 스타일의 사람도 여럿 겪어 보았다. 그런 사람이 메일을 보내오면 요점 파악이 어려웠고 몇 차례 더 메일이 오간 뒤에야 분명하게 정보를 교류할 수 있었다. 특히 시간대가 다른 국가의 업체 담당자와 메일 연락을 할 때면 업무 효율은 더 떨어졌다. 메일로 문의하면 기본적으로 몇 시간 내지 하루 정도는 기다려야 회신을 받을 수 있기 때문이다.

메일 소통은 얼굴을 맞대면 바로 소통하는 구두 의사소통과 다르다. 메일 소통의 최고 원칙은 최대한 시간 낭비를 줄이는 것이다. 그러려면 상대에게 전할 내용의 결론은 맨 앞에 적어야 한다. 그래야 상대가 이해하기도 쉽고, 내용을 효율적으로 검토하며, 전달하는 정보를 더 잘 소화한다. 이에 관한 심리학적 근거는 《심리학과 생활》에서도 찾아볼 수 있다. 이 책은 "중요한 결론을 미리 말하면 상대에게 다음에 이어질 정보를 이해하는 틀이 생겨서 내용을 더 깊이 이해할 수 있다"라고 역설한다.

다음은 같은 내용의 메일에서 결론만 위치를 달리 한 사례들이다. 이를 비교해 보자.

결론을 앞에 제시한 바람직한 사례
"이 견적서에서 보충하고 제안할 것은 무엇입니까?"

결론을 뒤에 제시한 바람직하지 않은 사례

"이 견적서에는 확실하지 않은 부분이 있습니다. 제가 따로 표시해 두었으니 보충할 것이 있는지 살펴봐 주십시오. 제 생각은 이러한데……. 그 점과 관련해 제안하고 싶은 것이 있으신가요?"

또한 메일 소통을 할 때는 회신을 불필요하게 반복하지 않도록 한다. 전달하려는 내용을 미리 생각하고 되도록 한 번에 효율적으로 전달하자. 일상에서 문자를 사용할 때도 마찬가지다. 나는 친구와 주말에 같이 밥을 먹기로 약속할 때 언제 시간이 되는지, 어디서 먹을지, 무엇을 먹을지를 일일이 의논하기보다 최근 그 친구와 나눴던 이야기를 바탕으로 한번에 의견을 전한다. 이런 식이다. "토요일이나 일요일 12시에 점심 먹으러 가자. 네가 지난번 집 근처 쇼핑몰에 새로 생긴 레스토랑이 있다면서. 거기 가 보자. 언제 시간 괜찮은지 알려 줘."

그리고 메일 소통을 할 때는 단어 선택에 좀 더 주의를 기울이고 신중해야 한다. 직접 소통과 달리, 표정 등이 보이지 않아 상대가 오해할 수도 있기 때문이다. 예를 들어 "그 자료 있으신가요? 혹시 저한테 보내 주실 수 있나요?"와 "그 자료 있으시잖아요. 저한테 보내 주시죠"는 상당히 다르게 느껴진다.

　마지막으로 메일에 아주 중요한 정보가 있다면 상대에게 추가 확인을 받을 필요가 있다. 직접 소통을 하면 중요한 정보를 표정과 말투로 강조할 수 있지만 메일로 이를 전달하는 데는 한계가 있다. 그러므로 메일이든 전화든, 직접 만나든 중요한 정보를 잘 받았는지 확인해야 한다.

㉙ 고집 센 동료를
설득하는 법

직장에서 동료와 소통하는 문제로 골머리를 앓는 사람이 꽤 많다. 다른 사람의 제안을 잘 받아들이지 않는 데다가 일어날 확률이 높은 나쁜 결과를 우려해도 자기 관점을 끝까지 밀어붙이는 경향이 있는 동료라면 같이 일하기 힘들다.

절대로 고집을 꺾지 않는 동료 문제로 상담을 청한 사람에게 나는 이렇게 조언한 적이 있다. "상대가 당신이 어떤 제안을 하든 전혀 태도를 바꾸지 않는다고요? 그렇다면 협업할 때 업무 직책과 범위를 확실하게 나누세요." 한마디로 동료의 똥고집으로 업무를 그르쳐 괜한 불똥을 맞지 말라는 것이다. 더구나 그 일이 회사에서 중요도가 높다면, 동료가 억지를 부리는 탓에 일어날 수 있는 리스크와 결과를 사전에 파악해서 조치하도록 한다.

그런데 만약 고집부리는 동료가 태도를 바꿀 여지가 있어 보인다면, 이때는 최대한 설득하는 것도 하나의 방법이다. 동료가 다른 사람의 제안을 받아들일 것 같을 때를 예측해서 적극적으로 피드백을 주고, 그 방법으로 개선하면 업무 성공률도 올라가고 업무 능력도 빠르게 키울 수 있을 거라고 알려 준다. 그리고 지나치게 고집부리면 팀의 의사 결정에 방해가 되어 최선의 선택을 가로막는 등 문제가 된다고 솔직히 이야기한다. 비슷한 성향의 다른 동료를 사례로 들어 잘한 점과 못한 점 등을 공유하고 공감을 끌어낼 수도 있다.

¶

그 외에도 흔히 사용하는 설득법으로는 소비자심리학에서 제시하는 '정교화 가능성 모델Elaboration Likelihood Model'이 있다. 이는 소비자의 태도 변화를 설명하는 이론이다. 이 이론의 핵심 개념으로는 '중심 경로'와 '외곽 경로'가 있다. '중심 경로'는 사회심리학적 개념으로 정보와 논거에 더 집중하는 이성적인 사고를 의미한다. 반면 '외곽 경로'는 이

성보다 감정에 더 호소한다. 역사적으로 담배 광고는 외곽 경로를 걸었다. 흡연을 지지하는 내용은 제시하지 않은 채 그저 담배를 터프가이나 스트레스 해소의 이미지와 연결하는 방식으로 광고했다.

일반적으로 사람들은 비싼 제품을 구입할 때 중심 경로를 채택하는 경향이 있다. 많은 시간을 들여서 정보를 수집하고 정책을 결정한다. 이것이 노트북이나 휴대폰 광고가 제품의 상세 페이지에 사양과 성능을 잔뜩 채워 넣는 이유다. 보통은 여기에 외곽 경로도 추가한다. 소비자가 해당 제품의 성능이 뛰어나다고 '느끼게' 하는 것이다. 다른 제품과 성능을 비교하는 사진과 영상을 보여 주고, 광고에 스타 모델을 쓰며, 트렌드에 부합하면서 비즈니스 감각을 더하는 제품임을 느끼게 한다. 이렇게 하면 소비자는 은연중 그 제품을 긍정적으로 여기게 된다.

직장에서 누군가를 설득할 때는 어떻게 이를 응용할 수 있을까? 예를 들어 보겠다. 서연의 부서에서 제품을 출시하려고 한다. 그런데 제품에 완전히 해결되지 않은 기능이 있어서 이대로 출시했다가는 고객의 개인정보가 유출될 리스크가 크다. 그런데 서연의 상사는 일선에 있지 않아서인지 문제의 심각성을 과소평가하고 있다. 서연은 문제를 확실히 해결하기 위해 제품 출시를 며칠 늦추자고 상사를 설득하기로 마음먹었다. 그래서 문제가 터졌을 때 피해를 볼 수 있는 고객 수와 잠재적인 손실액을 추산해서 상사에게 결과를 공유하고, 작년에 회사에서 비슷한 사건으로 문제가 불거졌던 사례도 정리해 함께 전달했다. 현명하게 중심 경로와 외곽 경로를 함께 활용해 상사를 설득하는 시도를 한 것이다.

㉚ | **원하는 결과를 이끌어 내는**

하 버 드 협 상 술

앞서 직장 동료나 상사를 설득하는 방법을 다루었다. 그런데 이제부터 다룰 협상은 설득과는 다르다. 설득은 상대에게 영향을 주려는 행위로, 최종 결정권은 여전히 상대에게 있다. 그래서 설득하는 사람은 상대가 받아들이기를 바라면서 어떤 일의 긍정적 영향과 부정적인 영향, 규범을 거론해 최대한 영향을 주는 수밖에 없다. 반면 협상은 양측이 서로 영향을 주고 결정도 함께한다.

사회 초년생일 때 내게는 협상에 대해 배울 좋은 기회가 있었다. 그 에피소드를 나눈다. 당시 공급 업체와 협상을 주도한 사람은 팀장이었다. 팀장은 팀원과 그동안의 업무 과정을 자세하게 복기했다. 그리고 과정마다 이번 비즈

니스 협상과 관련해 협상점이 될 만한 부분이 있는지 확인
했다. 팀장의 모습을 보며 준비가 얼마나 중요한지 느낄 수
있었다. 잘 준비하면 협상이 절반쯤은 성공한 셈이라고 해
도 과언이 아닐 것이다.

　　당시 협상 과정을 보면, 두 가지가 주효했다.

1. 정보 수집을 한다.

팀장은 협상에 나설 팀원을 확정하고 팀원 전체에게 각자
정보를 수집하게 했다. 매출 규모, 이윤, 불만 신고율 등의
데이터를 비롯해 공급 업체의 협력 의사, 다른 공급 업체
상황을 종합해 협상의 기조, 즉 이번 협상을 어느 정도까지
진행할지, 양측의 강점과 약점은 무엇인지를 사전에 정했
다. 그 밖에 공급 업체의 다음 연도 작업의 핵심은 무엇인
지, 시장에서 다른 기업과 협력 상황이 어떠한지, 책임자가
바뀌지는 않았는지, 정리할 재고가 있는지 등의 특수 정보
도 다양한 경로로 수집했다.

2. 하버드 협상술을 적용한다.

여러 정보를 얻은 후에는 '하버드 협상술'을 적용했다. 하
버드대학교 협상연구센터에서 만든 이 협상술은 객관적이

고 공정한 원칙과 공평한 가치를 강조하고, 이에 따라 공통
점을 찾으면 양측이 모두 만족하는 협상 결과를 얻을 수 있
다는 이론을 바탕으로 한다.

¶

하버드 협상술은 이익Interests, 기준Criteria, 실행 가능한 선택
지Options, 대안No-agreement Alternatives으로 구성된다. 이 핵심
요소에서 알파벳을 따와 하버드 협상술을 '아이콘ICON 협
상술'이라고도 한다. 그럼 각 요소를 하나씩 살펴보자.

1. 이익

다른 말로 '베네피트 포인트Benefit Point'라고 한다. 네 가지
요소 중 이익이 가장 까다로운데, 양측의 공동 이익, 충돌
이익, 서로 다른 이익까지 고려해야 하기 때문이다. 공동
이익은 양측이 모두 노력해야 하고, 충돌 이익은 양측의 힘
겨루기며, 서로 다른 이익은 교환 여부를 살피는 것이다.

이제 설명하던 사례로 돌아가자. 팀장은 공급 업체가
더 좋은 가격에 더 좋은 서비스를 제공하기를 원했다. 그래
서 베네피트 포인트를 사전에 철저하게 생각해 놓았다.

그중 공동 이익은 장기적이고 우호적인 협력을 통해 1년 내 신제품을 집중적으로 판매해 시장 점유율을 높이는 것이었다. 충돌 이익은 주로 가격과 입하량이었는데, 우리 팀은 여러 수치 범위를 제시하고 최대 한계, 수용 가능한 부분, 이상적인 상황 등으로 세분했다. 실제 협상에서는 공급 업체가 가격 인하를 계속 반대했다. 어쩔 수 없이 우리가 입하량에서 한발 양보했고, 그 덕분에 최종적으로 양측이 받아들일 수 있는 수준에서 가격을 정했다. 서로 다른 이익은 결산기, 활동 보조금, 서비스 항목 등에서 양측이 조금씩 양보하고 교환하면서 순조롭게 협상했다.

2. 기준

규범, 관례, 선례 등을 가리킨다. 협상할 때 업계 관례나 회사에서 제공한 참고 기준이 무엇인지를 언급하는 것이다.

3. 실행 가능한 선택지

실행 가능한 모든 선택지를 준비한 뒤 협상 때 공개한다.

4. 대안

대안은 양측의 의견이 일치하지 않았을 때 어떻게 할지 고려하는 것이다. 예를 들면 기존 공급 업체를 포기하고 새로운 공급 업체를 찾는 것이다.

하버드 협상술은 다양한 협상 테이블에서 적용할 수 있다. 연봉 협상에도 유용하다. 사람들은 흔히 연봉 협상을 원할 때 상사에게 이런 이야기를 한다. 대출을 받아 집을 사려고 한다. 근무 연차가 오래됐다. 결혼할 때가 됐다. 곧 아이가 생긴다……. 그런데 이런 말은 전부 자기 입장에 불과하다. 이때 하버드 협상술에 기반해 입장을 바꿔 생각해 본다.

여러분이 부서에 공헌한 점은 무엇인지, 여러분이 맡았던 프로젝트는 회사 매출에 얼마나 기여했는지를 따져 본다.〔이익〕분야와 경력이 여러분과 같은 사람은 대체로 연봉이 어느 정도인지 등을 알아본다.〔기준〕만일 회사에서 연봉을 인상할 수 없다고 한다면, 특정 연수나 중요한 프로젝트에 참가해 경쟁력을 키운다.〔실행 가능한 선택지〕협상 자리에서 상사와 의견이 다르면 이직이나 다른 부서로 이동 등을 고려한다.〔대안〕

사실 이 협상술에 따르면 아주 특별한 패가 필요하지는 않다. 협상 전에 충분히 준비하고 쓸 만한 패를 정리해 두는 것이 핵심이다.

㉛ 알아 두면 쓸데 있는
여섯 가지 협상 기술

내가 처음 일을 시작했을 때 통달하고 싶었던 기술은 단연
코 협상 기술이었다. 직장에서 협상을 잘하면 더 좋은 자원
과 더 유리한 협력 조건을 얻을 수 있고, 일상에서 협상을
잘하면 비용을 줄일 수 있다. 신입 때부터 지금까지 오랫동
안 연마한 협상 기술 중에서 알짜배기만 소개한다. 상황에
따라 본인에게 맞는 방법을 연습해 실전에 적용하면 분명
좋은 효과를 볼 것이다.

1. 정확한 정보원이 있는 가치 있는 정보를 찾는다.

오늘날 인터넷 정보는 무궁무진하지만 모든 사람이 그 안
에서 유용한 정보를 능숙하게 찾는 것은 아니다. 인터넷 검

색을 하면 깊이가 얕은 정보부터 고급 정보까지 다양하게 결과가 나오므로 오랫동안 공들여 걸러야 정말 원하는 정보를 찾을 수 있다.

얼마 전 나는 자동차 구매를 하기에 앞서 포털 사이트에서 '흥정의 기술'이란 키워드를 검색했는데 '이게 될까?' 싶은 흥정 방법이 잔뜩 검색되어 나왔다. 아무래도 자동차에 대해 잘 모르는 내가 인터넷에 적힌 대로 했다가는 도리어 교묘한 상술에 당할 듯했다. 영업 사원이 증정품을 주겠다고 하고는 결국 그만큼 자동차 가격을 높여 받는다든지 하는 상술 말이다.

정확한 정보 루트가 중요한 이유가 여기에 있다. 포털 사이트 외에도 괜찮은 전문 플랫폼을 찾아보자. 나는 자동차 판매 앱들을 설치해 사용자가 직접 올린 차량 견적과 실제 출고가, 고수들이 공유한 좋은 차를 고르는 법, 가격 협상 요령, 출고 관련한 노하우를 집중적으로 살펴보았다. 결과적으로 먼저 포털 사이트에서 검색한 정보보다 훨씬 실용적이고 쓸 만했다.

이 방법은 이직에도 적용된다. 폭넓은 검색 결과를 제공하는 포털 사이트가 아닌, 직장 커뮤니티 사이트에서 연봉, 기업 문화, 동향 등 관련 정보를 수집하는 것이다. 이렇

게 하면 이후 면접이나 연봉을 협상하는 자리에서 상대의
말을 덜컥 믿어 버리는 실수를 막을 수 있다.

2. 여러 사람이 협상할 때는 범위, 마지노선을 정한다.

비즈니스 협상에서는 협상안을 준비하는 데 오랜 시간이
걸린다. 주요 협상자가 누구인지, 협상에 쓸 수 있는 조건
은 무엇인지, 예상되는 상대방의 협상 패는 무엇인지, 협상
이 순조롭지 않을 때는 어떻게 할지, 마지노선은 무엇인지
등 고려할 것이 많기 때문이다.

　더구나 여러 사람이 협상에 참여하면 협상이 잘못된
방향으로 흘러갈 가능성이 크다. 예를 들어, 어떤 사람이
5~6억 원 선에서 집을 구매하려고 했다. 이사 비용도 만만
치 않은 상황이라 집주인과 최대한 흥정을 잘해 볼 생각이
었다. 그래서 가격을 5억 원으로 운을 뗐는데 집주인은 곧
바로 단호한 태도를 보였다. 이에 잠시 '5억 3천만 원을 불
러 봐야겠군'이라고 생각하던 찰나, 동행했던 가족 중 한
명이 갑자기 나서더니 "절충안으로 5억 5천만 원은 어떨까
요?"라고 하는 거다. 이렇게 되면 결과적으로 5억 원에서
5억 5천만 원 사이에서 협상할 여지는 아예 사라지고 만다.

　이처럼 여러 사람이 참여하는 협상이라면 같은 편끼리

사전에 규칙을 정해야 한다. 협상의 마지노선은 어디인지, 어떤 상황에서 추가 논의가 필요한지, 만약 충동적으로 행동하는 사람이 있으면 누가 말릴지……. 구체적으로 규칙을 정할수록 협상에서 혼선을 빚지 않는다.

3. '문간에 발 들여 놓기 기법'을 활용한다.

특별히 협상을 잘하는 동료가 있어서 관찰한 적이 있는데 그는 '문간에 발 들여 놓기 기법Foot-in-the-door Technique'을 능숙하게 활용했다. 이는 큰 부탁을 거절한 뒤에 작은 부탁을 쉽게 들어주는 심리 경향을 이용한 협상 기술이다.

그 동료는 프로젝트 상황과 상관없이 상대에게 가장 좋은 자원을 요구하곤 했다. 상대가 말도 안 되는 요구라고 생각하게 말이다. 그러고선 얼마 뒤엔 상대에게 요구 조건을 조금 낮춰 제시했다. 그러면 상대는 비교적 쉽게 협상을 받아들였다. 왜냐하면 심리적 기대치와 기준점이 변했기 때문이다. 결과적으로 동료가 얻은 자원은 언제나 원래 손에 넣으려던 것보다 훨씬 많았다.

이 방법을 나는 자동차를 살 때 직접 적용해 보았다. 영업 사원은 내가 처음 제시한 아주 낮은 가격을 듣고 얼굴이 새파래졌다. 그 후로 협상을 몇 번 거치는 동안 나는 전혀 급한 것이 없다는 모습을 보여 주려고 다른 매장의 견적을 제시했다. 그리고 영업 사원에게 혹시 별 볼 일 없는 증정품 대신, 금액을 할인해 줄 수 있는지 주요 책임자에게 물어보라고 했고 결과적으로 만족스러운 가격에 자동차를 구매했다.

4. 기준점을 다시 설정하고 새로운 협상의 여지를 만든다.

'앵커링 효과Anchoring Effect'는 최초로 제시한 숫자가 항구에 정박한 배의 닻처럼 기준점이 돼 이후 판단에 영향을 미치는 심리 현상을 가리킨다. '닻 내림 효과' 혹은 '정박 효과'라고도 하는데, 이는 인지 편향의 일종이다.

사람이 의사결정을 할 때 최초로 얻은 정보에 치우치면 그 정보가 기준이 된다. 그래서 이를 이용한 판매 기술도 있다. 판매원이 고객에게 먼저 비싼 상품을 추천해서 기준점을 높인 다음, 상대적으로 중간 가격대의 상품을 다시 추천한다. 그러면 고객 입장에서는 두 번째 상품이 싸다고 느껴져 선뜻 구매하게 된다.

이 방법을 유감없이 발휘한 것은 모 휴대폰 브랜드였다. 당시 곧 출시될 휴대폰의 가격이 수백 달러에 달한다는 사실이 알려졌다. 그때 사람들은 휴대폰 가격이 터무니없다는 반응을 보였다. 그런데 며칠 뒤 열린 제품 발표회에서 가격을 공개하기 전에 관계자가 먼저 뛰어난 음향과 사진 촬영 기능 등을 선보였다. 그러고는 기능별 가격을 다 합치면 수천 달러라고 하면서 마지막에 이 모든 기능을 담은 휴대폰을 단 몇백 달러면 살 수 있다고 발표했다. 그러자 여론이 바뀌었다. '그렇게 좋은 기능들이 있는데도 수백 달러면 살 수 있다니'라는 식으로 말이다.

여러분이 협상을 잘하고 싶다면 바로 이 휴대폰 회사처럼 해 보자. 반대로 협상 자리에서 이런 기술에 넘어가지 않으려면 협상 대상에 대해 미리 자세히 알아보는 게 좋다.

5. 다른 방안이나 다른 의사결정자를 끌어들여 긴장을 조성한다.

양측이 협상하는 자리에 제3자를 끌어들이면 더 효과적일 수 있다. 제3자는 사람일 수도, 방안일 수도 있다. 비즈니스 협상이 잠시 중단됐을 때 상사에게 전화로 물어보겠다며 자리를 비운다거나 협상을 다음으로 미루는 것도 하나의 방안이다.

나는 차를 구매할 때 이 기술도 써먹었다. 미리 공부한 덕분에 가격대가 비슷한 경쟁사 차종을 어느 정도 알고 있었다. 협상에 진척이 없는 상황에서 나는 여유 있는 태도

로 경쟁사 매장에 가서 특정 차종을 살펴본 뒤 다시 결정하
겠다고 말했다. 그러자 영업 사원은 정말 내가 경쟁사 차종
에 관심이 있다고 판단하고 가격 조정 협상을 이어 갔다.
그렇게 해서 가격이 살짝 낮아지기는 했지만 여전히 내 기
대치에는 미치지 못했다. 그래서 일부러 영업 사원 앞에서
가족과 통화를 한 다음 말했다. "아무래도 가격이 비싸네요.
가족들도 망설이고요. 다시 생각해 봐야겠어요." 그러자 그
는 사장에게 연락해 거듭 의견을 물어보더니 결국 마지막으
로 제시했던 가격보다 더 값을 낮춰 주었다.

6. 협상은 심리 게임임을 기억한다.

협상에서 다른 대안이 있고, 여러분보다 상대가 아쉬운 상
황이라면 심리적으로 부담이 덜해 의외의 수확을 거둘지
모른다. 언젠가 친구가 채용 통지서를 받았는데, 원래는 그
회사보다 다른 회사에 더 관심이 있던 차여서 별 기대 없
이 연봉을 두 배로 올려 달라고 요구했다. 어차피 거절당해
도 상관없다는 생각이었다. 그런데 뜻밖에도 그 회사는 친
구의 요구를 받아들였다. 나중에야 안 사실인데, 그 회사는
친구의 커리어를 굉장히 높게 평가하고 있었다.

나도 비슷한 경험을 한 적이 있다. 당시 회사를 다니

면서 이직 준비를 했고, 한 회사에서 합격했다는 소식을 전해 들었다. 하지만 당장 하고 있는 업무가 너무 바빠서 연봉 협상을 잠시 잊고 있었다. 시간이 좀 지났는데도 내가 별다른 반응이 없자 그 회사에서 연락이 오더니 연봉을 20퍼센트 인상해 주면 입사하겠느냐고 물었다.

다시 한번 강조하지만 협상은 심리 게임이다. 가능한 한 여러 대안을 마련해 두고 성실하게 준비하면서 마음을 편히 먹으면 적은 노력으로도 협상에서 큰 효과를 거둘 수 있다.

제5장 매니징업:

상사에게 인정받기

㉜ 매니징업,

상사를 관리하는 기술

내 동료 서우는 다른 부서와 협업할 때 조정자 역할을 한다. 언젠가 협업 부서에서 담당자로 일할 직원이 부족하다며 인원 보강 이야기를 꺼냈다. 서우는 협력 부서와 먼저 소통한 뒤, 프로젝트 책임자인 내게 인원 보강에 대한 의견을 전달하면서 이렇게 말했다.

"마침 목요일에 사장님과 회의가 있으니 그때 인원 보강 건을 보고하도록 할게요."

언뜻 아무 문제가 없는 사안 같지만 내 생각은 달랐다. 나는 곧바로 서우에게 묻지 않을 수 없었다.

"그러니까 사장님께 인원을 늘릴지 말지, 두 가지 선택지만 드릴 계획인가요? 그렇게 하면 사장님은 우리가 이 사안에 대해 대충 검토했다고 판단하실 거예요. 그저 협력 부서가 인원이 없어서 힘들다고 얘기하는 듯하잖아요. 물론 그 부서가 힘든 건 저도 잘 압니다. 하지만 아무 자료도 제시하지 않고 중간에서 협력 부서 말만 전하는 게 무슨 의미가 있겠어요."

그러고는 구체적인 방안을 제시했다.

"일단 문제 해결을 고민해 보는 게 어떨까요? 협력 부서를 도와 프로세스를 개선할 여지가 있는지, 단기적인 방안과 장기적인 방안은 무엇인지, 우리 부서가 어떻게 협력할지, 우리 부서 인원을 그쪽 업무에 투입한다면 우리 부서 업무를 어떻게 처리할지……. 그런 다음에 관련 정보를 수집하고요. 사장님께는 이 과정을 요약해 보고하고 '그래서 최종적으로 이런 선택지를 마련했습니다'라고 알려야 하지 않을까요? 선택지는 세 가지 정도 되겠네요. 첫째, 구인한다. 둘째, 시간을 두고 구인한다. 그전까지는 그 일을 어떻게 누가 해결하고, 단기 방안은 무엇이다. 셋째, 구인하지 않는다면 무엇을 어떻게 할 수 있고 무엇을 할 수 없다."

이와 비슷한 일은 어느 직장에서나 있다. 서우처럼 일할 때 그저 중간에서 말만 전하는 사람도 많다. 만일 여러분이 서우와 같은 사람이라면 '자신의 가치가 무엇인지'를

스스로 물어보라. 상대가 한 말을 곧이곧대로 전할 뿐, 정
보를 통합하거나 문제를 세분해서 프로세스를 최적화할
방안조차 고민하지 않으며 문제 해결에도 손 놓고 있다면
대체 왜 본인이 그 자리에 있다고 생각하는가?

부하 직원이 상사를 관리한다는 개념의 '매니징업
Managing Up'이란 용어가 있다. 매니징업은 일반적인 소통의
기술과 달리, 부하 직원에 대한 상사의 신뢰도를 높이는 것
이 핵심이다. 그만큼 부하 직원은 오랜 시간 노력을 기울여
해야 할 작은 일이 많다.

그리고 매니징업에는 쌍방향의 의미가 있다. 상사에게
더 적극적인 태도로 여러분의 생각과 전문성을 보여 줄 수
있기 때문이다.

그렇다면 적극적인 태도란 무엇일까? 기본적으로 상
사가 사사건건 지시하지 않아도 할 일을 스스로 찾아서 하
는 것이다.

예전에 내가 팀원에게 PPT를 넘기면서 몇몇 슬라이드
를 거론하며 보기 좋게 수정하라고 지시한 적이 있다. 나중
에 수정본을 받아 보니 그 팀원은 지정했던 슬라이드만이
아니라 전체적으로 디자인을 손본 데다가 글도 다듬고 데
이터를 찾아 내용까지 보완했다. 이런 것이 바로 적극적인

태도며 자기가 고민한 흔적을 남기는 좋은 예다. 물론 그 후로 나는 그를 더 믿고 일을 맡길 수 있었다.

이번에는 또 다른 팀원의 이야기다. 신입 시절 그는 "팀장님, 어떻게 일을 처리해야 할까요?"라는 질문을 자주 했다. 그럴 적마다 나는 되물었다. "어떻게 해야 한다고 생각하나요?" 나는 그가 스스로 생각하는 능력을 키우기를 바랐다. 다행히 내 의도를 알아차렸는지 어느 정도 시간이 흐르자, 그는 내게 문제를 떠넘기지 않고 자기가 준비한 여러 선택지, 데이터, 아이디어를 제시하기 시작했다.

이처럼 매니징업은 업무 방법의 하나면서 동시에 적극적인 태도를 보여 주는 수단이다. 매니징업을 통해 부하 직원은 올바른 방향으로 사고할 수 있으며, 자기 능력을 개발하는 데 도움을 받을 수 있다.

¶

자, 어떤가? 여러분도 매니징업에 도전하고 싶지 않은가? 그렇다면 상사 스타일부터 파악하자. 이것이 바로 매니징업의 첫걸음이다.

이와 관련해 내가 만든 질문지를 살펴보자. 자신의 상

사를 떠올리며 다음 질문에 답한다.

당신의 상사는 어떤 사람인가?

❶ 상사는 보고서를 읽는 것과 보고를 듣는 것 중 어느 쪽을 선호하는가?

❷ 상사는 사람들과 논의해서 함께 방안을 마련하는 것과 각자 생각한 방안을 취합하는 것 중 어느 쪽을 선호하는가?

❸ 상사는 새로운 일을 시작할 때 업무 분담을 혼자 고민해서 정하는 편인가, 먼저 부서원들의 의견을 들어 보고 정하는 편인가?

❹ 최근 상사는 무엇을 고민하고 있는가?

❺ 상사의 상급자는 상사의 어떤 부분을 가장 높이 평가하는가?

❻ 상사의 단점이 무엇이라고 생각하는가?

❼ 상사는 부서원들과 같이 있는 것을 좋아하는가, 아니면 혼자 있는 것을 좋아하는가?

❽ 상사는 사람과 일 중 어느 쪽에 더 관심을 보이는가?

이 중 답할 수 있는 질문이 여섯 개 이상이면 '상사를 잘 안다'라고 할 수 있다. 그리고 여섯 개 미만이면 '상사를 잘 모르거나 상사를 이해하고 싶은 의사가 없다'라고 볼 수 있으니 상사를 좀 더 관찰하길 권한다. 상사를 잘 알면 더 원활하게 소통하고 업무적으로 협력할 수 있다.

마지막으로 아무리 상사여도 장단점이 공존하는 인간이라는 점을 명심하길 바란다. 부하 직원은 상사가 완벽한 관리자라고 생각하기 쉽지만 사실 완벽한 사람이 어디 있는가.

예를 들어 감기 기운이 있어 일찍 퇴근하려던 참인데 상사가 여러분에게 야근해야만 해결이 가능한 급한 업무를 시켰다고 가정하자. 괜히 서글퍼지고 상사가 내가 아픈 걸 알면서도 일부러 그러나 싶을 수 있다. 하지만 어쩌면 상사는 상대의 말이나 안색을 통해 의중을 헤아리는 데 서툰 사람이라, 여러분의 컨디션이 안 좋은 것을 전혀 눈치채지 못했을지 모른다. 이런 이유로 우리는 상사의 여러 특징을 잘 알고 있어야 한다. 만일 이 사례에서 여러분이 상사의 스타일을 잘 안다면 쓸데없는 감정 소모를 하지 않고 컨디션이 안 좋다고 솔직히 이야기할 수 있다. 그리고 급한 업무는 다른 사람에게 위임하거나 마감일을 조율하면 된다.

그동안 상사의 스타일에 대해 잘 몰랐다면 이제부터라도 찬찬히 알아가 보자. 그래서 서로를 더 이해하고, 효율적이면서 유쾌한 협력 관계를 맺자.

㉝ 업무 시점별로

매니징업 차별화하기

최근 서린에게 고민이 생겼다. 회사에서 새로 오픈하는 매장의 지점장이 돼 매장 영업, 홍보, 고객 관리 등 여러 일을 도맡아 했는데, 그 와중에 상사에게 불만이 많이 쌓인 것이다. 아무래도 개점 초기라 예상치 못한 문제가 하나둘 발생했는데, 서린의 상사는 그때마다 이것도 저것도 다 서린의 업무라고 하는 게 아닌가. 업무량은 갈수록 늘어나고, 상사는 서린의 노력과 결과에 긍정적인 피드백을 주지 않는 데다가 합당한 인센티브 이야기도 하지 않았다.

나는 매니징업에 대해 조언을 듣고자 찾아온 서린과 한참 이야기를 나누었다. 그리고 그가 기본적으로 성실하고 힘든 일을 잘 견디는 사람이며, 어떤 일을 맡았을 때 바로바로 움직이고 업무 효율도 높다는 것을 금방 알아챘다. 그런데 그의 상사는 왜 그러는 걸까? 그 답은 좀 더 대화해 보니 알 수 있었다.

서린은 제때 업무 보고를 하지 않는 편이었다. 그러다 보니 상사는 업무 진행 상황을 제대로 파악하지 못했고, 서린의 업무가 지나치게 많은 걸 전혀 몰랐다. 이 때문에 양측의 업무 방향, 기대치 등이 어긋나고 말았다. 이 문제를 해결하려면 서린은 업무 방식을 개선하고 동시에 매니징업에도 신경 써야 했다.

서린과 같은 어려움을 겪는 사람들을 위해 업무 흐름에 따라, 즉 업무 전, 업무 중, 업무 후로 나누어 매니징업하는 방법을 살펴본다.

1. 업무 전 매니징업 하기

업무 배경과 목적, 업무에 관한 상사의 생각, 미리 구상한 업무 방안, 업무 수행 방식, 업무 진행 상황을 소통하고 보고하는 빈도를 명확히 한다. 그 밖에도 상사가 업무 중 어떤 것을 확인해야 하는지, 상사가 업무 중 자체적으로 파악하는 것은 무엇인지 등을 알아 둔다. 한마디로 사전에 나와 상사의 권한과 책임 범위를 확정한다. 이렇게 하면 업무 진행 중에 일일이 상사에게 무엇을 보고할지 물어보지 않아도 된다.

2. 업무 중 매니징업 하기

직장생활에서는 맡은 업무를 능동적으로 해결하는 것이 원칙이다. 절대로 업무를 다른 사람에게 떠넘겨서는 안 되며, 업무 해결 과정에서 상사의 조언을 듣고 싶다면 먼저 나름의 대안을 만들어야 한다. 물론 상사에게 질문하고 조언을 부탁하는 건 얼마든지 가능하지만, 적어도 대안을 가지고 가서 열심히 고민한 흔적을 보여야 한다. 한편 도저히 스스로 해결하지 못하는 업무를 지나치게 끌어안고 있어서도 안 된다. 업무 해결의 적절한 타이밍을 놓치면 프로젝트 전체, 부서 전체에 손해를 끼칠 수 있음을 기억하자.

3. 업무 후 매니징업 하기

업무 성과는 부지런히 정리해서 적당한 시기에 상사에게 보고한다. 상사 대부분이 여러분보다 훨씬 바쁘고 일도 많으며 잘 잊어버린다. 여러분이 한 여러 일을 다 기억할 거라고 생각하면 오산이다. 시간이 흘러 업무 성과를 평가하거나 여러분이 승진과 연봉 인상을 바랄 때 상사는 그간의 업무 성과를 정확하게 떠올리지 못할 것이다. 따라서 평소에 본인의 업무 성과를 정리하고 중요한 일은 그때그때 요약해 둔다. 그리고 필요할 때 이를 꺼내 상사에게 상기시킨다.

업무를 마치고 얼마 후에 기회를 봐서 상사에게 물어보는 것도 좋다. "제가 어떤 부분을 개선해야 한다고 생각하십니까?" "제가 어떻게 하면 더 잘할 수 있을까요?" 상사라면 이런 질문을 던지는 부하 직원을 좋게 보기 마련이다. 당연히 상사의 기억에 오래 남는 부서원이 될 것이다.

㉞ | ## 보고는 상사에게 내 능력을
어 필 할 기 회 다

가끔 보면 회사에서 마치 황소처럼 묵묵하고 성실하게 일하는 사람이 있다. 더구나 동료를 위해서 기꺼이 봉사하듯 돕기까지 한다면 무슨 일이 터질 때마다 동료들이 그를 찾을 가능성이 높다. 하지만 평상시 아무 문제가 없을 때 존재감이 크지 않은 편이라면, 정작 승진과 연봉 협상 시기에 상사는 그에 대해 별다른 생각을 하지 않을 수 있다.

회사에서 일만 잘하면 상사가 알아줄 거라는 믿음은 안이하다. 몇 번 언급했지만 상사는 본인 일로도 바쁘고 정신이 없다. 관리할 부서원도 많다. 그러니 상사가 여러분의 노력과 능력을 헤아리기란 쉽지 않다.

통상적으로 업무 능력이 좋은 데다 존재감도 있는 사

람이 더 많은 기회를 얻는다. 만일 여러분이 업무 능력에 비해 회사에서 존재감이 적다고 느낀다면 보고가 가장 좋은 해결책이다. 상사에게 적극적으로 보고하면서 의견을 내고 영향력을 발휘하는 것이다.

그렇다면 상사에게 보고할 때 어떻게 하면 될까? 몇 가지 팁을 전한다.

1. 보고할 적절한 타이밍을 찾는다.

상사에게 구두 보고를 할 때는 먼저 시간을 내 달라고 하자. 상사가 바쁘지 않아 보인다면 이렇게 묻는다. "한 2분 정도 진행 상황을 보고드리고 싶은데, 혹시 지금 시간 괜찮으신가요? 아니면 조금 있다가 바쁘신 일 끝나고 불러 주시겠어요?"

2. 보고는 결과, 결론부터 밝힌다.

구두 보고를 하는 직원 중에 가끔 이런 사람이 있다. "우리는 심각한 문제에 직면했습니다" 하고 말한 뒤 잠깐 숨을 돌린다. 그러면 엄청난 사고라도 났나 싶어 나는 마음이 조마조마해지고 만다. 그런데 직원이 곧이어 "하지만 다행히 그 문제를 해결했습니다"라고 하면 너무 황당하다. 업무 보고는 기승전결의 형식을 취하면 안 된다. 더구나 긴장감을 조성하는 이야기는 불필요하다. 보고할 때는 중요한 결론부터 말해야 한다. "다행히 그 문제를 해결했습니다"라는 데서 보고를 시작하라. 그러면 상사는 부하 직원이 전달하는 그다음 내용을 더 쉽게 이해할 수 있다.

3. 결과에 이어 영향을 말한 뒤에는 데이터를 적절히 인용한다.

상사에게 구두 보고로 결과를 말했다면, 다음에는 그 영향에 대해 이야기한다. "만약 그 문제를 해결하지 않았다면 어떤 결과가 생겼을 것이고 당시 상황은 어땠을 것입니다." 이런 식으로 상사가 대략 업무 상황을 이해하도록 간단히 언급한다. 세부 내용은 상사가 물어보면 그때 데이터를 적절히 인용하며 더 정확하게 보충한다.

4. 보고는 간단명료하게 한다.

보고할 때는 긴급한 것, 중요한 것, 상사의 이익과 밀접하게 관련 있는 것, 상사가 관심 두는 것을 우선으로 한다. 서면 보고든 구두 보고든 시간을 절약해 주는 보고를 상사는 선호한다. 그러므로 특히 구두 보고를 할 때는 말할 요점과 개요를 준비해서 단숨에 이야기를 끝낸다.

5. 정기적으로 보고한다.

진행 상황을 보고하는 것은 상사에게 경과를 알리기 위해서만이 아니다. 때론 보고를 통해 업무 방향을 중간중간 조정할 수 있다. 그러므로 중요한 프로젝트일수록 구두 보고 시간을 따로 정해 놓고, 서면 보고도 정기적으로 하는 것이 좋다. 상사가 바쁘면 1분짜리 보고라도 아에 안 하는 것보다 낫다.

6. 큰 리스크가 발생했다면 즉시 보고한다.

'보고 타이밍을 살피고 정해진 때에 보고하라'는 앞선 룰들을 무시해야 할 때가 있다. 바로 큰 리스크가 발생했을 때다. 상사는 물론 그 업무와 관련 있는 동료 모두에게 즉시 알린다. 그렇게 해야 리스크에 민첩하게 대처할 수 있다.

㉟ 동료의 진솔한 업무 리뷰,

나의 성장을 돕는다

일을 막 시작했을 무렵 나는 외국 기업에서의 직장생활을 다룬 소설을 읽었었다. 소설 내용 중 상사가 직원들 앞에서 어떤 일을 성공적으로 완수한 주인공을 칭찬하자, 친한 동료가 주인공에게 상사에게 리뷰를 받아 놓으라고 조언하는 장면이 인상적이었다.

알아보니 외국 기업에서는 연봉 협상을 앞두고 퍼포먼스 리뷰Performance Review라고 하는 성과 평가가 진행되는 것이 일반적이었다. 그리고 이는 자기평가Self-assessment, 피어 리뷰Peer Review라고 하는 동료 평가, 매니저 리뷰Manager Review라고 하는 상사 평가로 이루어진다. 이런 퍼포먼스 리뷰를 성과 평가 제도로 활용하는 기업들이 꽤 있다.

그 소설을 떠올릴 만한 일이 몇 년 전에 있었다. 타 부서 동료와 같이 프로젝트를 진행했는데, 미흡한 부분이 있기는 했지만 전체적으로 결과가 괜찮았고 즐겁기까지 했던 협업이었다. 프로젝트가 끝나고 얼마 지나지 않았는데 그 동료가 내게 피어 리뷰를 요청하는 메일을 보냈다. 솔직히 말해서 굉장히 신선한 경험이었다! 메일 내용은 대강 이랬다.

우리가 같이 프로젝트를 진행한 지도 2주가 지났네요. 혹시 가능하다면 협업 피드백을 작성해 주실 수 있을까요? 저는 지금 승진 방안을 모색 중입니다. 더 높은 직위를 갖추기 위해 필요한 업무 능력과 요구사항 등을 작성해 주세요. 이번에 협업한 내용을 바탕으로 첨부한 양식에 따라 작성해 주시면 감사하겠습니다. 리뷰는 저희 팀장님께 바로 보내시면 됩니다. 그렇게 해 주시면 앞으로 제가 승진하기 위해 개선할 점을 팀장님께서 제게 직접 이야기해 주실 거예요.

이토록 솔직하고 시원시원하게 타인의 평가를 요구하는 사람은 처음이었다. 그래서 나는 상대가 나뿐만 아니라 프로젝트를 같이한 다른 동료들에게도 메일을 보냈을 것이라고 예상했는데 아니나 다를까 역시 그랬다. 협업한 모든 사람의 피드백은 요청대로 그의 팀장에게 전달됐다. 덕분에 그는 목표로 하는 승진에 대한 훨씬 객관적인 피드백을 자신의 팀장으로부터 받을 수 있었다.

나는 그가 영리한 방법을 썼다고 생각한다. 당사자가 아닌 팀장에게 리뷰를 보냄으로써 프로젝트 동료들은 천편일률적으로 좋은 평가만 늘어놓지 않았고 진심 어린 조언을 전했을 것이다. 물론 실제로 그가 프로젝트 당시 일을 잘 해냈기 때문에 이런 도움 요청이 가능했다. 만일 일을 못했다면 오히려 부정적인 평가가 팀장에게 전해져 긁어 부스럼을 만드는 격이 될 수 있지 않은가. 그러므로 이렇게 할 수 있는 사람은 소수에 불과하다. 더구나 성격상 이처럼 적극적으로 행동하는 것을 꺼리는 사람도 있다.

혹시 여러분도 적극적인 성격은 아니지만 협업한 동료들의 생각이 궁금한가? 그렇다면 협업이 끝나고 아직 여러분에 대한 인상이 남아 있을 시기에 한번 허심탄회하게 물어보라. 여러분이 어떤 부분을 개선하고 발전시키면 좋을지 말이다. 협업한 동료들이 진솔한 피드백을 전해 줄 것이다. 이를 바탕으로 자신을 더욱 객관적으로 바라보며 직장생활을 해 나간다면 한층 성공적으로 커리어를 만들 수 있을 것이다.

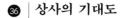

㊱ 상사의 기대도 관리한다

직장생활이 힘들다며 상담을 요청한 분이 있었다. "남들은 시간을 어떻게 관리하나요? 저는 업무 효율이 너무 낮은 것 같아요. 안 해 봤던 일은 아무리 오래 고민해도 잘 모르겠어요. 예정된 마감 시간보다 항상 늦게 업무를 끝내서 팀장님이 초조해하세요. 이 문제를 개선할 수 있을까요?"

아마 이 사람에게는 다양한 시간 관리 노하우를 알려주더라도 문제가 해결되지 않을 것이다. 왜냐하면 이 문제는 언뜻 시간 관리 문제 같지만, 실상은 상사의 기대 관리 문제이기 때문이다. 그런데 이런 문제를 겪는 직장인은 생각보다 흔하다. 그만큼 갓 입사한 새내기뿐 아니라 다년간 근무한 경력자까지 문제의 핵심을 파악하기 어려운 사안이다.

  직장인 중에는 혼자 힘으로 모든 문제를 해결하려는 사람이 있다. 이를 악물고 버틴다고 할까? 문제 해결에 어려움이 있다고 상사에게 말했다가는 무능력하게 보일까 봐, 혹은 너무 사소한 일까지 보고하는 걸로 여겨질까 봐 그러는 것이다. 하지만 괜찮은 척하며 홀로 이리 뛰고 저리 뛰다가는 문제가 더욱 커질 수 있다. 더욱이 업무 결과가 형편없이 나온 뒤에야 상사가 이를 알면 얼마나 황당하겠는가. 중간에 어떤 문제가 생겼고 어떤 리스크가 있었는지 전혀 모르는 상사로서는 날벼락처럼 느껴질 것이다.

  이런 식으로 상사의 기대와 업무 결과에 차이가 생기면 회사는 점차 여러분의 업무 능력을 의심하게 된다. 여러분이 업무 상황과 리스크를 효율적으로 통제하지 못한다고 판단하는 것이다.

  그러므로 상사의 기대를 적극적으로 관리해야 한다. 이를 '과정 기대 관리, 결과 기대 관리, 위험 조기 경보 관리' 등 세 부분으로 나누어 살펴본다.

1. 과정 기대 관리

과정 기대 관리의 핵심은 상사에게 진행 상황을 자주 보고하고 소통하는 것이다. 이를 잘해서 내 기억에 남은 한 인턴의 사례를 들어 보겠다.

우리 팀에서 일하던 그 인턴은 처음부터 일을 노련하게 잘한다는 생각이 들었다. 왜일까? 그 친구가 처음 출근한 날, 나는 며칠 뒤까지 완료하면 된다고 하면서 일을 배정했다. 그날 퇴근할 때 그는 내게 메일로 업무의 진행 상황이 어떤지, 그리고 언제쯤 완성할 수 있을지를 알려 주었다. 그 정도로 꼼꼼하고 센스 있게 일하는 사람이 드물기에 나는 깊은 인상을 받았다.

실제로 상사와 부하 직원이 합을 맞춰 가는 초반에는 서로 업무 스타일을 잘 모르기 때문에 업무 진행 상황과 일정을 자주 보고하고 소통하는 것이 중요하다. 같이 일한 지 오래된 사이여도 상사는 중요한 일이라면 부하 직원에게 정기적으로 보고받기를 바라기 마련이며, 그렇게 부하 직원이 보고하면 마음이 편하다.

만일 상사가 "지난번 그 일은 어떻게 됐습니까?"라고 여러 번 물어봤다면 확실히 그 일은 진짜 중요하다는 뜻이다. 상사가 물어볼 때마다 대답하기보다 차라리 정기적으로 소통하는 편이 낫다. 주간 보고서, 프로젝트 진도표 등 회사에 마련된 양식을 활용해 메일을 보내거나, 얼굴을 보며 간단히 구두 보고를 하면 상사는 안심할 것이다. 그리고 이렇게 함으로써 상사에게 여러분이 계획적으로 일을 처리하고 믿을 만한 사람이라는 인식을 심어 줄 수 있다.

2. 결과 기대 관리

결과 기대 관리의 핵심은 상사에게 업무 결과에 영향을 미칠 것으로 예상되는 문제를 미리 알리는 것이다. 나는 이를 소홀히 해서 크게 손해를 본 적이 있다.

해외 지사 동료와 프로젝트 협업을 한 적이 있었는데, 기획 단계에서 전반적으로는 괜찮아 보였지만 몇몇 세부 사항이 맘에 걸렸다. 그러나 당시에는 문제를 제기할 만한 일이 아니어서 '설마 무슨 일이 있겠어?'라고 생각하고 그냥 넘어가 버렸다.

우리의 상사들은 나와 협업자가 "문제없이 일이 잘되고 있습니다"라고 보고하자, 프로젝트가 굉장히 잘 굴러간다고 여기고 어느 틈에 기대치를 상향 조정했다. 그러다 나중에 내가 잠시 맘에 걸려 했던 사항 탓에 프로젝트에 문제가 생기고 말았다. 다행히 우리가 빠르게 문제를 해결해 결과가 나쁘지는 않았지만, 상사들의 기대치에는 한참 미치지 못했다.

그 일로 큰 교훈을 얻었다. 그 뒤로는 아무리 번거롭

더라도 협업자와 업무에 문제가 될 만한 세부사항에 대해 자주 소통하고, 이를 요약해 상사에게도 미리미리 보고했다. 이런 보고의 경우, 아직 업무가 진행 중이므로 세부사항에 근거 자료가 아주 잘 갖춰지지 않아도 된다. 상사를 설득하려는 것이 아니라 최대한 여러분이 아는 정보를 제공하는 게 목적이기 때문이다.

3. 위험 조기 경보 관리

위험 조기 경보 관리의 핵심은 파급력이 크고 결과가 나빠질 만한 문제가 생기면 바로 상사에게 알리는 것이다.

내가 만났던 어느 제품 매니저는 까다로운 문제가 생기면 혼자 절대 해결할 수 없을 때조차 상사에게 알리기를 꺼렸다. 나는 그를 이렇게 설득했다.

"그 문제를 알리지도 않고 해결하지도 못해서 결과가 나빠지면 상사가 당신에게 '왜 미리 말하지 않았느냐'며 책임을 물을 수 있어요. 그런데 당신이 상사에게 문제를 알리고 도움을 청한다면, 그 결과에 대한 책임은 관련자 모두에게 있게 됩니다. 관련자들이 함께 머리를 맞대고 문제 해결에 나서면 문제가 해결될 가능성도 높아지고요."

그뿐 아니라 직장에서는 직위마다 권한이 다르다. 능

력과 관계 없이 각 직위에서 추진할 수 있는 일이 있고 추진할 수 없는 일이 있다. 한마디로 직장인이 혼자 문제를 짊어지고 무리해서 해결하려는 것은 현명하지 못한 처사다. 사안에 따라 과감하게 문제를 노출해서 여럿이 함께 문제를 해결하는 편이 최선일 수 있다.

이제 상담을 요청한 분의 이야기로 돌아가 보자. 예정된 마감 시간보다 업무가 늦게 끝나는 부하 직원을 보며 초조해하는 것은 업무 진행 상황을 모르는 상사의 전형적인 반응이다. 즉, 상담을 의뢰한 분이 상사의 기대를 잘 관리하지 못했다는 소리다. 이 경우 정기적으로 보고하는 시간을 정하고, 업무 진행 단계를 나눠 업무가 완성되는 정도를 상사에게 명시적으로 보여 줄 필요가 있다.

㊲ │ 상사와의 관계를 가로막는

생각의 오류들

신입 시절 나는 여러모로 서툴렀다. 의욕이 넘친 나머지 당시 팀에서 진행 중이던 프로젝트에 문제가 생기자, 혼자 연구한 해결방안을 팀장에게 먼저 알리지도 않고 모든 팀원에게 단체 메일로 보냈다. 전체 팀 회의 때 팀장이 "그 프로젝트는 이러저러해서 우리 팀에서 진행할 수 없습니다"라고 얘기했는데도, 나서서 "저는 할 수 있을 것 같습니다"라며 반대 의견을 말했다. 몇 번이나 이런 식으로 행동하다 보니 팀워크가 깨졌고 팀장의 체면도 구겨졌다.

다행히 팀장이 인품도 좋고 마음도 넓은 사람이라 내게 감정적으로 반응하지 않았다. 대신 팀장은 이런 조언을 건넸다. "린쉬안 씨는 가끔 어떤 일을 좁은 시선으로 바라

볼 때가 있어요. 하지만 나는 팀장이니까 되도록 큰 그림을 본답니다. 그리고 자신이 얻은 몇 가지 정보만 너무 믿고 '그 일은 반드시 그렇게 해야 한다'라고 밀어붙이는 것은 바람직하지 않아요. 팀장은 보통 더 많은 정보를 가지고 있거든요."

그날 나는 내 문제가 무엇인지 확실히 깨달았고, 이후로 팀장에게 성심성의껏 협조했다. 팀워크가 좋아지면서 우리 팀은 팀원 개개인의 재능과 팀 전체의 역량이 모두 성장했다는 평가를 받았다.

이런 일을 직접 경험한 사람으로서 상사와 신뢰를 쌓을 때 주의할 '생각의 오류'를 공유하고자 한다.

오류1. '상사가 부서원의 이익을 고려하지 않는다'라고 생각한다.

상사의 직위가 무엇이든 그는 부서의 일원이기에 당연히 부서 전체 이익을 고려하며 일한다. 오히려 나보다 상사이므로 훨씬 더 넓은 시각으로 많은 점을 고려하고 있을 게 분명하다. 예전의 나처럼 이런 생각의 오류로 상사에게 공개적으로 망신을 주거나 상사의 체면을 구겨서는 안 된다. 그렇게 하면 팀워크가 깨져 나야말로 부서 전체 이익을 해치는 꼴이 되고 만다.

오류2. '관리자라면 부서원보다 반드시 전문성을 보여야 하고 그렇지 못하면 존중받을 가치가 없다'라고 생각한다.

이해를 돕기 위해 프로그래머를 예로 들겠다. 프로그래머는 일정 기간 실무를 하다가 전문가의 길로 갈지, 아니면 관리자의 길로 갈지를 선택해야 한다. 관리자가 되면 점차 실무에서 멀어지지만 대신 소통 능력과 관리 능력이 더 발전하게 된다. 비록 가장 뛰어난 기술력을 보유하지 않더라도 기술력에 대해 어느 정도 알면 관리자의 업무를 하는 데 충분하다. 다만 프로그래머인 부서원보다는 프로그래밍 전문성이 떨어질 수 있다. 이 점은 상사의 상급자도 당연히 알고 있고, 무엇보다 기술력보다 관리 능력을 더 높이 사기 때문에 전혀 문제가 없다.

오류3. '상사의 문제점을 상사의 상급자는 왜 보지 못하는지 의심스럽다'라고 생각한다.

상사는 조직과 관리 체계가 직위와 권한을 부여한 사람이다. 여러분 눈에는 상사가 문제도 많고 무능력한가? 그렇다면 상사의 상급자는 왜 그냥 용인하는 걸까? 그건 여러분의 상사에게는 회사가 필요로 하는 능력이 있기 때문이다.

　　예를 들어 부서원에게 열심히 하라고 잔소리하듯 보채

는 등 '꼰대' 스타일의 상사가 있다고 하자. 상사의 상급자는 그가 부서원과의 관계를 썩 원만히 이끌지는 못하지만, 다른 특장점이 있어서 조직에는 도움이 된다고 판단하고 있을 수 있다. 그런데 이런 상황이 아닐뿐더러 아무리 봐도 상사가 상급자의 비위만 잘 맞추는 사람에 불과하고 그 상급자도 인성과 능력이 의심스럽다면 상사가 아니라 회사에 대해 다시 생각해 볼 필요가 있다. 그런 회사는 하루빨리 박차고 나오는 것이 상책일 때가 많다.

¶

상사에 관한 생각의 오류를 바로잡았다면 이제 상사와 신뢰를 쌓을 차례다. 이에 관한 조언을 전한다.

1. 상사의 행동 이면에 있는 본심을 파악한다.

상사로부터 업무 피드백 받기를 두려워하는 직장인이 많다. 이런 경우, 관점을 한번 바꿔 보라. 상사가 엄격하게 피드백을 주는 것은 성장 가능성이 있다고 판단해서일지 모른다.

이제 막 관리자가 됐을 때 관리자 연수에 참가했었다.

그날 배운 것 중 하나가 부서원의 발전에 도움을 주고 싶다면 부서원과 사전에 합의하라는 것이었다. 물론 관리자의 업무 중 하나가 바로 부서원의 능력과 커리어 개발이기도 하다. 그런 차원에서 탁월한 업무 결과를 강하게 요구하고 눈에 띄는 문제점을 확실히 지적하되, 사전에 업무 피드백 방식에 대해 부서원과 합의하는 게 좋다는 이야기였다. 미리 서로 합의하면 부서원은 상사의 의견을 한결 쉽게 받아들일 것이다.

하지만 관리자 대부분은 사전에 소통하는 건 생각조차 못 하고, 업무 피드백을 그저 엄격하게만 한다. 당연히 부서원은 상사의 피드백을 마치 벌받는 것처럼 느낄 수 있다.

나는 결코 상사들을 두둔하려는 것이 아니다. 여러분이 상사와의 관계에서 겪는 어려움을 다른 각도에서 바라보라는 것이다. 여러분의 상사가 정말 작정하고 괴롭히려는 악인이 아닌 이상 일부러 그럴 일은 없다. 그러니 상사의 행동이 이해 가지 않는다면 본심을 파악하려 애써야 한다.

2. 상사의 입장에서 어떻게 하면 좋을지 생각해 본다.

언젠가 승진에 실패했을 때 나는 팀장이 힘을 써 주지 않았다고 여기고 굉장히 섭섭해했다. 그러다 다른 사람의 말을 듣고 깨달았다. 유능한 부서원이 승진하는 것을 바라지 않는 상사는 없다는 걸 말이다. 나중에 상사는 내 승진을 지지했으나 다른 심사관들이 나의 부족한 점들을 지적했고, 이에 상사는 그런 점들을 보완하게 할 테니 다음번 심사에서 나를 꼭 승진 대상자에 넣어 달라고 요청했다는 이야기를 들었다. 어쩐지 그즈음 팀장이 내게 업무에서 이전과 다른 사항을 챙기라고 당부했었다.

  그 뒤로 종종 '만약 내가 상사였다면 어떻게 했을까' 하고 입장을 바꿔 생각하곤 했다. 한번은 팀원에게 굉장히 말을 못되게 하는 팀장과 일을 하게 됐다. 업무상 실수를 저지른 팀원에게 험한 말을 하며 필요 이상으로 망신을 주었다. 당시 만일 내가 팀장이 된다면 저 사람처럼은 하지 않으리라 마음먹었다. 나중에 팀장이 됐을 때 나는 실수를 저지른 팀원이라 할지라도 따로 불러서 조용히 문제를 지적했다. 입장 바꾸어 생각하기를 자꾸 하다 보니 리더십 훈련이 된 것이다.

  '만약 내가 상사였다면 어떻게 했을까' 하고 생각하면 상사가 업무에서 보는 중요 포인트가 무엇인지 짐작할 수 있을 때가 있다. 입장 바꾸기가 일 처리에 도움을 주는 것이다.

3. 상사의 어려움을 알아주고, 함께 일하는 사람이 된다.

회사에서 마련한 직원 교육 시간에 외부 강사가 이런 질문을 던진 적이 있다. "자기 일을 다 끝냈는데, 다른 사람이 업무를 분담했으면 합니다. 이런 상황을 어떻게 생각하나요?" 평사원 대부분이 부정적인 반응을 보였다. "제 일을 다 끝냈다고 하지 않았나요? 제 일이 아니니 나서지 않을 거예요." "왜 자기가 할 일을 못 끝내고 남한테 도와 달라고 하죠?" 그런데 관리자들의 반응은 달랐다. "일부터 먼저 끝내고 업무 분담이 부당했다고 얘기하겠습니다." "유능한 사람일수록 일을 많이 한다고 하지 않습니까? 좀 도와주는 셈 치죠."

나도 관리자들과 생각이 비슷하다. 아무래도 관리자는 본부, 부서, 팀 등을 맡고 있으므로 어떻게든 업무를 모두 소화해야만 한다. 그러니 적극적으로 나설 수밖에!

관리자에겐 그에 따른 입장이 있고 어려움이 있다. 여러분이 만일 상사가 관리자로서 겪는 문제를 알아주고, 함께 일하는 사람이 되면 어떨까? 당연히 상사는 적극적으로 업무 해결에 나선 여러분을 기억할 것이다. 그리고 무엇보다 이런 태도는 스스로 자기 가치를 끌어올리고 성장하는 데 유리하다.

지금까지 상사와 신뢰를 형성하기 위해 할 수 있는 시도에 관해 살펴보았다. 만약 이 방법들을 전부 실천했는데도 상사와의 관계가 그대로거나 견디기 힘든 상태라면 어떻게 해야 할까? 어쩌면 직업을 바꾸거나 상사를 바꾸는 수밖에 없을지도 모른다.

그리고 "그동안 만난 모든 상사에게 문제가 있었다"라는 직장인이 많다. 내 생각에는 지극히 정상인 상황이다. 유독 험난한 직장생활을 겪은 건 아니라는 소리다. 사실 단점 없는 사람이 세상에 어디 있겠는가? 직장생활을 계속할 생각이라면 이왕이면 상대의 장점을 더 많이 보려고 노력하는 게 좋다. 또한 이 문제는 완전히 다른 시각에서도 볼 필요가 있다. 어쩌면 상사가 아닌 본인이 문제일지 모른다. 상사와 자신의 상황을 좀 더 객관적으로 들여다보려 노력하자.

㊳ 직장인 50퍼센트의 착각,

상사가 무능력 하다고요?

직장인 모임에 간 적이 있다. 서로 편하게 이야기를 나누다 보니 어쩐 일인지 자연스럽게 '직장 상사 성토대회'처럼 분위기가 흘러갔다.

A가 말했다. "그때 그 일은 무조건 그렇게 했어야 했는데 상사가 안 된다고 하는 바람에 실패하고 말았어요. 그런 사람이 어떻게 리더가 됐는지 모르겠어요." B가 말했다. "우리 상사는 항상 회의하느라 너무 바빠요. 소통 능력은 꽤 괜찮은 편인데 업무 능력은 영 꽝이라니까요."

일하면서 이와 비슷한 생각을 해 본 직장인이 적지 않을 것이다. 솔직히 나도 그런 생각을 했다. 그런데 여러 경험을 한 끝에 깨달았다. 상사가 모든 부서원보다 전문성이 뛰어나야 하는 것은 아니라는 걸!

　2차 세계대전 기간에 미국은 3년 반 만에 원자폭탄을 제조했다. 군부에서 당시 프로젝트 책임자였던 레슬리 그로브스를 신뢰한 것은 그가 펜타곤 건설을 주관한 사람이 었기 때문이다. 그로브스는 물리학자도 아니고 기술 책임자도 아니었지만, 대신 뛰어난 리더였다. 그는 기술과 공정을 주관하는 각 분야 책임자가 본인 몫을 톡톡히 해내도록 진두지휘했다. 당시 프로젝트의 기술 책임자는 미국 물리학계에서 공인한 만능 과학자 로버트 오펜하이머였다. 오펜하이머는 제멋대로 행동하는 자유분방한 성격이라 끊임없이 루머에 휩싸였다. 하지만 사람들의 반대에도 불구하고 그로브스는 오펜하이머를 지원했고, 덕분에 원자 폭탄 연구 작업을 순조롭게 진행할 수 있었다. 이 이야기가 전하는 교훈은 '관리 능력'과 '전문 능력'이 상호 보완적이며, 사람의 특성을 이해하고 알맞게 쓰는 관리 능력이 전문성 못지않게 중요하다는 것이다.

¶

그렇다면 일반적인 직장에서 전문 능력은 대체로 어떤 것을 말하는가? 직장에서의 테크트리Tech Tree, 즉 직위별로 배워야 할 기술은 다음처럼 구분된다.

직위별로 갖춰야 할 테크트리

❶ 신입사원: 테크트리가 현실적이고 구체적이다. PPT 제작, 데이터 분석 툴 활용 능력, 영어 실력, 추진력, 소통력, 팀워크 등이 있다.

❷ 중간 관리자: 상부에 결과를 보고하고 하부에 업무를 전달하는 자리인 만큼 요구되는 테크트리가 신입사원보다 까다롭다. 업무 판단 능력, 관리 능력, 팀워크 향상 능력, 자원 통합 능력 등이 있다.

❸ 기업가 및 고위 관리직: 테크트리가 다소 추상적이다. 회사 전략 계획, 회사 제도와 규칙 제정, 회사 관리 효율 향상 등이 있다.

이처럼 직장에서는 직위마다 업무 내용, 당면 과제, 필요한 기술이 다르다. 그러므로 '상사는 모든 부하 직원보다 전문성이 뛰어나야 한다'는 생각은 편견에 지나지 않는다. 만약 그런 생각을 가지고 상사를 대한다면 상사의 장점을 발견할 수 없다. 반대로 상사 본인이 그렇게 생각한다면 장점을 발휘하지 못한 채 자신의 단점을 다른 사람과 비교하면서 자원을 엉뚱하게 배치하게 될 것이다.

한편, 관리 능력은 좋은데 전문 능력이 떨어지는 상사

를 만난다면 부서원으로서 어떻게 해야 할까? 이때가 바로 여러분이 매니징업을 제대로 할 절호의 기회다. 장점을 십분 발휘해 상사가 큰 성과를 낼 수 있도록 돕는다.

내가 직접 목격한 일을 하나 소개하겠다. 바로 옆 팀에 팀장이 새로 왔을 때 벌어진 일이다. 그 팀장은 전혀 다른 업무를 담당해 오다가 막 발령이 난 차였다. 이때 팀장이 다른 분야 사람이라는 사실을 알게 된 그 팀의 실력 있는 고참들 몇몇이 뻗대면서 팀장의 업무 지시를 따르지 않는 일이 벌어졌다. 그런 상황에서 팀원 한 명이 나서더니 팀장에게 업무를 설명하고 팀장의 질문에 성의껏 답하고 자신의 담당 업무 외의 일까지 도맡아서 새 팀장이 무사히 적응하게 도왔다. 덕분에 두 사람 사이는 돈독해졌다. 얼마 뒤 새 팀장은 업무에 능숙해져 실력 발휘를 하기 시작했고, 그를 도운 팀원은 팀장과 함께 그야말로 승승장구했다.

실제로 새로운 상사가 팀에 왔을 때 상사의 능력을 깔보고 뒤에서 비웃는 직장인이 적지 않다. 다른 직급의 테크트리, 관리 능력과 전문 능력의 상호 보완 관계를 이해하지 못한 어리석은 사람들이라 하겠다.

㊼ | 성격 센 상사와

평화롭게 지내는 법

서주의 팀장은 성격이 보통이 아니다. 그렇지만 서주는 팀
장과 항상 좋은 관계를 유지했고, 팀장이 출산 휴가를 보내
는 동안 업무 능력을 빠르게 키워 팀의 주요 업무를 담당하
기 시작했다. 최근 팀장이 출산 휴가를 마치고 돌아왔는데
어쩐지 태도가 예전과 달랐다. 전보다 독단적인 모습을 보
이고 서주가 담당 업무에 대해 적극적으로 의견 내는 것을
용납하지 않았다. 서주는 대체 무엇이 잘못됐는지 알 수 없
었다.

　서운은 새로운 팀장이 걸핏하면 트집 잡는 듯해서 불
만이었다. 어느 날 서운이 늦게까지 야근하며 정신없이 일
하는데 갑자기 팀장이 찾아와 세부사항을 조율하라고 했

다. 참다 못한 서운이 결국 불만을 터뜨렸다. "일단 중요한 것부터 했으면 좋겠습니다. 모든 일을 이런 식으로 처리하시면 제가 다른 일을 할 수가 없어요." 그 말을 들은 팀장은 안색이 좋지 않았다.

두 상사들에게는 공통된 특징이 있다. 그건 바로 통제 욕구가 강하다는 것이다. 좀 더 자세히 살펴보자.

통제 욕구가 강한 상사들의 공통점

❶ 능력이 뛰어나 대체로 중요한 직책을 맡고 있다. 일을 중요하게 생각하며 성과로 자기 가치를 드러내려 한다. 성실한 데다 열심히 노력하기까지 하는데, 자신은 물론 부하 직원에게도 그렇게 하기를 요구한다.

❷ 업무상 타 부서 사람과 자주 왕래하는 팀원이 업무 지시를 요청하거나 보고하는 일이 별로 없으면 언짢게 여길 수 있다.

❸ 성격이 급한 편이다. 엄격한 잣대로 사람을 대하거나 종종 상대방의 입장을 고려하지 않고 비난할 때가 있다.

어떤가? 여러분의 회사에도 비슷한 성향의 상사가 있지 않은가? 그런데 많은 사람이 회사에 어떻게 이토록 성격이 강한 사람이 자리를 지키고 있는지 이해할 수 없다고 말한다. 나는 그런 이야기를 들을 적마다 반문한다. "성격이 센 걸 그 사람의 상급자가 과연 모를까요?"

함께 지낸 시간이 길수록 감추고 싶어도 감출 수 없는 부분이 많아진다. 그런데도 그 사람에게 상급자가 중요한 일을 맡기는 건 확실히 그럴 만한 이유가 있다는 뜻이다. 그 사람의 장점이 단점보다 훨씬 큰 것이다. 그 사람이 아니면 도저히 처리가 안 되는 업무가 있을지도 모른다.

무엇보다 보통의 직장인이라면 상사를 선택할 수 없다. 그렇다면 상사와 잘 지내는 방법을 찾아 평화롭게 공존하는 게 낫지 않을까? 이에 대한 해결책을 제안한다.

1. 상사의 상황과 요구사항을 분석해서 상사의 행동 원인을 파악한다.

앞선 사례들에서 상사가 왜 그렇게 행동하는지 원인을 찾아보면 이렇다. 서주와 팀장의 관계에 변화가 생긴 것은 팀장의 위기의식이 원인이다. 서주의 팀장은 하루라도 빨리 원래 자리로 복귀해서 존재감을 드러내야 한다고 생각하고 있다. 서운의 팀장은 새롭게 팀에 적응하는 과정이라 업무의 질을 엄격하게 관리하는 중이다. 같이 지내면서 서운의 업무 능력과 수준을 파악하게 되면 팀장도 한결 마음을 놓을 것이다.

2. 상사와 자주 소통하고 특히 팀과 관련한 일은 즉시 보고한다.

통제 욕구가 강한 상사는 사사건건 참견하기를 좋아하며 특히 팀 내 소통을 중시하니, 자주 소통하고 중요한 일은 즉시 알리자. 상사의 행동이 어쩌면 이해가 안 될지 모른다. 그런데 때론 여러분에게까지는 밝힐 필요가 없는 회사 사정이 있을 수 있다는 점을 염두에 두자.

3. 상사가 선호하는 소통 방식에 맞춰 보고한다.

통제 욕구가 강한 상사는 무엇이든 지시하기를 좋아하고 세부사항에 관심이 많으므로, 여러분이 업무 보고를 할 때 세부사항까지 제시하면 상사는 일 처리를 마음에 들어 할 것이다. 예를 들어 두 가지 방안을 준비해 각 방안의 장단점, 비용, 투자 등 세부사항을 비교해 제시한다.

4. 상사가 안정감을 느끼게 돕는다.

상사가 성격이 강한 것은 불안해서일지 모른다. 상사의 상급자가 새로 부임한다든지, 사내에 강력한 경쟁자가 등장한다든지, 여러 가지가 불안 요인일 수 있다. 따라서 상사가 안정감을 느끼도록 돕는다면 상황이 조금은 호전될 것이다. 그렇다면 무엇을 하면 좋을까? 일 처리를 믿음직스럽게 하고, 회의하거나 소통할 때 말과 행동을 일치시키며, 업무에서 문제를 발견하면 상사에게 알려 주는 등 팀원으로서 최선을 다해 일하면 된다.

여러분의 상사가 단지 업무 스타일이 강하고 엄격할 뿐 인품에는 문제가 없다면 함께 잘 지내는 방향을 모색하자. 그런데 인품에 확실히 문제가 있는 사람이라면 얘기가 다르다. 회사 차원에서 조처하지 않는다면, 차라리 상황을 빨리 벗어날 계획을 세우는 것이 낫다.

40 | **어떻게 하면 선배가 나를**

기꺼이 도울까?

SNS에서 한 팔로워가 내게 물었다. "직장 선배가 내 성장을 흔쾌히 돕게 하려면 어떻게 해야 할까요?" 사실 이 질문은 너무 추상적이다. 그래서 잠시 생각해 본 뒤 약간은 뻔한 답을 했다. 그러자 그는 영리하게도 질문을 조금 바꾸어 다시 물었다. "회사에서 젊은 친구들을 도와줄 때가 있지 않으신가요? 도와주신 사람들의 특징은 무엇인가요? 어떤 상황일 때 도와주고 싶으셨나요?"

　팔로워가 얼마나 그 문제를 풀고 싶어 하는지가 마음에 와닿기도 하고, 한편으로 직장인이라면 궁금해할 사항이기도 해서 이참에 생각을 정리했다. 직장생활과 관련한 글을 쓰는 사람으로서, 그리고 회사에서 선배 위치에 있는 사람으로서 후배를 도와준 경험을 종합해 봤다. 자, 그럼 어떻게 하면 선배로부터 기꺼이 도움을 받을 수 있을지 알아본다.

1. 선배에게 도움을 청할 때는 예의 있게, 그리고 선배의 시간을 존중하는 태도를 보인다.

누구에게 어떤 도움을 청하든 예의 있는 태도는 기본이다. 그리고 도움받고 싶은 사람이 도움 주는 사람의 시간에 맞추는 건 당연하다.

하지만 이런 기본조차 모르는 사람이 많다. 나는 SNS에서 직장생활에 대한 글을 연재하고 채팅방도 운영하는데 별별 사람을 다 경험하고 있다. 나를 팔로잉하자마자 최소한의 인사말도 없이 "상담하고 싶은 것이 있는데요"라고 말을 걸면서 다짜고짜 자기 이야기를 털어놓거나, 팔로워들과 모이는 채팅방에 들어가고 싶다고 해서 가입 링크를 보내 줬는데 고맙다는 인사조차 하지 않거나, 링크를 보냈을 때 바로 채팅방에 들어오지 않아서 초대 유효기간이 지나버리거나, 어떤 사람은 채팅방에서 제 발로 나와 놓고 다시 초대해 달라고 요청하기도 한다.

아무리 SNS라지만 너무 무례하지 않은가. 이런 사람

은 현실에서도 대체로 인간관계가 볼품없다. 그리고 이런 사람을 도와주려는 사람은 거의 없다.

나에게도 비슷한 스타일의 친구가 있었다. 도와주고 나면 늘 지나가는 말로 "고마워. 다음에 밥 살게"라고 하지만 연락이 뚝 끊긴다. 한동안 소식 없이 지내다가 문제가 생기면 또다시 연락해서 아쉬운 소리를 한다. 몇 번 같은 일이 반복되자, 도움이 필요할 때만 나를 찾는 무례하고 얌체 같은 사람이라는 생각이 들어서 지금은 연락을 않는다.

2. 선배에게 물어보기 전에 기본 정보는 스스로 알아본다.

나는 업무를 처리하다가 선배의 도움이 필요한 문제가 있을 때는 우선 기본 사항을 최대한 조사한다. 그런 다음 선배에게 이야기할 때 이를 요약해 알려 주고 나서 내가 이해하지 못한 문제를 중심으로 의논한다. 이렇게 하면 효율적일 뿐 아니라, 선배가 여러분과 소통하는 일을 시간 낭비라고 생각하지 않고 진지하게 임할 것이다.

3. 선배를 감정 쓰레기통으로 여기면 안 된다.

선배에게 직장생활과 관련한 문제를 상의하되, 두서없이 부정적인 감정을 너무 쏟아 내지 말자. 문제 해결에 도움받는 것은 좋으나 필요 이상으로 직장 스트레스를 고스란히 전하거나 동료에 대해 불평하는 것은 금물이다.

　가끔 SNS에서 본인이 회사에서 힘든 이야기를 너무 길게 구구절절 전하는 메시지를 받곤 한다. 오죽하면 그럴까 싶기도 하지만 그 글을 읽는 사람이 어떤 심정일지 전혀 고려하지 않는 게 느껴져 씁쓸할 때가 많다.

4. 좋은 관계란 주고받으며 만들어지는 것임을 명심한다.

나는 선배에게 무언가를 의논할 때 상세하게 설명해야 한다는 계산이 서면 식사 약속을 잡아서 식사를 대접하며 이야기를 나눈다. 만일 선배가 답례 식사를 한사코 거절한다면 대신 선물을 사서 전달한다. 이처럼 남에게 도움을 청할 때는 상대의 시간, 수고, 고생을 존중해야 한다. 일방적으로 요구하고 일방적으로 희생하는 관계는 바람직하지 않으며 결코 오래가지 못한다.

5. 일을 마친 다음 선배에게 피드백을 전한다.

선배에게 도움을 구하는 사람은 아마도 많겠지만, 도움을 받아 일 처리한 뒤에 그 결과를 선배에게 피드백하는 사람은 드물다. 그런데 피드백을 전한다면 선배는 큰 보람을 느낄 것이다. 이건 내 경험이라 확실하다. 한 후배에게 도움을 주었는데 얼마 뒤 덕분에 문제를 잘 해결했다는 피드백을 받았고 굉장히 뿌듯했다. 나 또한 직장 선배에게 도움이나 조언을 얻으면 나중에 꼭 피드백한다. 내가 선배 조언을 받아들였는지 안 받아들였는지와 상관없이 실제 상황과 결과를 전하며 감사 인사를 한다.

6. 선배에게 내가 해 줄 수 있는 일이 있다면 도와라.

사람은 누구나 잘하는 것이 있게 마련이다. 지금은 내가 선배의 도움을 받지만, 언젠가 나도 선배를 도울 일이 분명히 있다. 엑셀 프로그램을 잘 다룬다면 나중에 선배가 데이터를 정리할 때 도울 수 있다. 인맥이 넓다면 선배가 필요로 할 때 다른 분야의 친구를 소개해 줄 수도 있다. 이렇듯 인간관계는 상호작용이 활발해야 계속된다. 선배에게 기꺼이 도움을 받고자 한다면 여러분도 선배를 기꺼이 돕자.

제6장 팀 관리:

상처받지 않고 팀워크 강화하기

41 | **우수한 직원이**

우수한 팀장이 못 된 이유

실적이 좋은 서원은 차기 팀장 후보로 거론되고 있었다. 그런데 여러 상황이 겹치면서 서원은 심적으로 힘들어졌다. 손발이 잘 맞던 선배가 개인 사정으로 갑자기 회사를 그만두었고, 새로 들어온 팀원은 아직 제 몫을 해내지 못하는 데다 제멋대로 굴었다. 서원이 하는 업무도 예전만큼 잘 풀리지 않았다. 그뿐만 아니라 상사의 기대는 갈수록 높아져 스트레스가 상당했다. 서원은 근무 환경이 맞지 않는 것 같다는 생각이 자꾸 들었고 급기야 회사를 옮기고 싶어졌다.

HR 부문에서 7년을 근무한 서중은 최근 팀장으로 승진했다. 그러면서 여태껏 서로 못 할 말이 없던 편한 사이의 팀원들이 하루아침에 부하 직원이 됐다. 서중은 승진에 대비해 팀 관리에 관한 교육을 받긴 했지만, 막상 상황이 닥치자 어떻게 팀원들을 대하면 좋을지 막막했다. 이 와중에 부하 직원 하나가 서중에 대해 불평을 하고 다닌다는 것을 알게 됐다. 팀장이 되더니 사람이 권위적으로 군다고 말이다. 이럴 땐 어떻게 해야 할까?

서란은 자주 늦게까지 야근을 했다. 부하 직원이 한 명 있지만 그는 처리할 줄 모르는 업무라 매번 서란이 담당했다. 서란의 상사는 팀에 인력이 부족하다는 것을 알면서도, 서란이 여러 일을 하느라 바쁜 것을 인정하지 않고 오히려 일 처리 속도가 느려 야근까지 한다고 여겼다. 이제 서란은 몸과 마음이 지칠 대로 지쳤다. 도대체 이 상황을 어떻게 개선해야 할지 감이 잡히지 않았다.

이 이야기들은 내가 접했던 실제 사례들이다. 이 중 어떤 사람은 스트레스가 너무 심해서 잠을 잘 못 이룬다고 털어놓았다. 능력이 안 되는데 과분한 자리에 앉은 것은 아닌지 자신을 의심하는 사람도 있었고, 아예 직업 자체를 바꾸고 싶다며 자포자기한 사람도 있었다.

직장에서 어떤 자리에 책임자로 발탁되는 것은 본래 맡은 일을 잘한 결과다. 그런데 막상 그 자리에 앉으면 실적이 오히려 예전만 못한 경우가 있다. 일례로 우수 판매원이 판매팀장이 된 후로 매출이 하락하기도 한다. 그러니까, 우수한 직원이라고 반드시 팀을 훌륭하게 이끄는 것은 아니다.

우수한 직원이 훌륭한 팀장이 못 되는 이유 중 하나는 조직이나 환경이 제공하는 교육과 지원이 턱없이 부족한 데 있다. 그래서 많은 사람이 처음으로 관리자가 됐을 때 필요한 관리 지식이 없는 나머지, 감에 의존해 업무를 처리한다.

어느 직장이나 신입사원을 대상으로 하는 연수는 있지만, 승진한 신임 관리자 연수는 찾아보기 힘들다. 유명 기업도 대개 사정은 마찬가지다. 다시 한번 강조하지만, 일반 업무와 관리 업무는 상호 보완적 성격을 띤다. 팀의 업무 효율을 높이고 좋은 성과를 내려면 관리가 잘돼야 한다. 또한 관리가 잘 이루어지면 팀이 눈에 띄게 성장한다.

앞선 사례의 주인공들은 이제 막 관리자가 되었다. 아직은 변화에 완전히 적응하지 못해 부담감이 큰 상태다. 나는 상담을 의뢰한 그들에게 신임 관리자에게 필요한 처방을 내렸다. 이를 이해하고 연습한 끝에 그들은 각종 문제를 슬기롭게 해결할 수 있었다.

그렇다면 처음 관리자가 됐을 때 주로 어떤 과제에 직면할까? ① 독립적인 근무에서 다른 사람과 협력하는 근무로, 달라진 근무 방식에 적응해야 한다. ② 자아 성장에서 타인 육성으로, 달라진 업무 성격에 맞춰 일해야 한다. ③ 중간 관리자의 역할을 해내야 한다.

특히 중간 관리자의 역할 중 상사를 관리하는 매니징 업은 이미 4장에서 상세히 다루었다. 그리고 부하 직원을 관리하는 방법은 이번 장에서 살펴보도록 한다.

㊷ 신임 팀장이

자주 직면하는 문제

만약 여러분이 이제 막 팀장으로 승진했다면 다음의 일들이 낯설지 않을 것이다.

신임 팀장이 흔히 겪는 어려움

‣ 나는 너무 바쁜데 팀원은 비교적 한가하다.

‣ 팀원에게 위임할 수 있는 일에 내 시간의 절반을 사용한다.

‣ 팀원이 제출한 보고서를 볼 때 이해 가지 않는 사항이 많다.

‣ 매일 팀원의 일을 수습한다.

‣ 내가 휴가를 떠나면 팀 업무가 난장판이 된다.

팀장의 관리 의식이 부족하면 이렇듯 팀원을 제대로 통솔

하지도 못하고 성장을 돕지도 못한다. 팀원이 정말 한가하게 있고 싶을까? 상사 혼자 분주하게 일하는 모습을 보면, 능력 있는 직원은 이 회사에는 자신이 성장할 기회와 가치 있는 일이 없다고 판단해 다른 회사로 떠나 버릴 수 있다.

대개 신임 팀장은 세 가지 중요한 변화에 직면한다. 각 변화에 어떻게 대응하면 좋을지를 알아본다.

1. 업무 지향에서 절차 지향으로 변화

팀장이 되기 전에는 자기 일에만 신경 쓰면 그만이었을 것이다. 하지만 팀장이 됐다면 팀원이 일할 때 어떤 단계를 거쳐 결과를 내야 할지, 해결할 문제가 있는지, 문제 해결을 어떻게 도울지 등에 주목해야 한다.

이와 관련해서는 〈20. 업무 효율 올리기 2〉에서 소개한 'PDCA 사이클'을 활용해 보자. PDCA 사이클은 '계획 Plan−실행 Do−평가 Check−개선 Action' 총 4단계로 구성된 업무 프로세스다. 직원은 실행과 개선에, 관리자는 계획과 평가에 중점을 두고 일하는 것이 바람직하다.

2. 개인플레이에서 팀플레이로 변화

예전에는 개인플레이를 했다면, 팀장이 된 이제는 팀플레이, 협동플레이를 펼쳐야 한다. 그런데 어떤 팀장은 이를 머리로는 알지만 제대로 실천하지는 못한다. 내 친구의 상사가 바로 그런 사람이었다. 자신이 참석해야 할 다른 팀과의 회의에 팀원을 내보내고, 무슨 일이든 팀원에게 알아서 하라며 떠밀면서 자신은 팀 리더 역할에 소홀히 했다. 관리자급에서 할 일을 팀원이 대신 처리하다 보니 당연히 다른 팀도 이래저래 불만이 많았으며, 회사 차원에서도 다른 팀보다 지원을 충분히 받지 못했다.

팀장에게 결과물이란 팀 결과물에 관리자의 영향력이 더해진 것이다. 팀장은 자기보다 실무를 더 잘하고 전문적이며 뛰어난 팀원이 최종적으로 내놓은 팀 결과물을 인정해야 한다. 만약 이를 받아들이지 못해 불필요하게 개입하면 팀장 자체가 팀 업무를 가로막는 장해물이 되어 팀 발전을 저해할 수 있다.

그리고 팀장의 영향력은 팀을 위해 관리자로서 할 일을 제대로 할 때 발휘된다. 팀과 다른 조직 간의 소통에 적극적으로 나서서 팀을 대변하고, 팀원들 사이 혹은 팀과 다른 조직 사이에서 업무 장벽을 없애 준다. 이렇게 하면 팀원들이 효과적으로 업무를 완수할 수 있다.

3. 자아 성장에서 타인 육성으로 변화

팀장의 주요 업무 중 하나는 인재를 육성하고 발전시켜 팀 전체 역량을 강화하고 더 좋은 결과물을 만드는 것이다. 그런데 어떤 관리자는 부하 직원을 성장시켰다가 자신의 자리가 위협받는 상황이 벌어지지 않을까 하고 걱정한다.

사실을 똑바로 보자. 그 정도로 대단한 사람이라면 여러분이 성장시키지 않아도 저절로 성장한다. 그리고 오히려 실력이 뛰어난 사람이 우리 팀에 있으면 팀의 영향력도 넓히고 일도 더 잘 처리할 수 있어, 결과적으로 팀장에게도 이롭다는 것을 알아야 한다.

모든 팀장은 팀이 발전할 수 있는 최대 상한선이나 마찬가지다. 이것이 관리자라면 자기 능력을 끊임없이 발전시켜야 할 이유다. 물론 하루아침에 되는 일은 아닐 뿐만 아니라 생각처럼 순조롭지도 않다.

그래서 마지막으로 조언을 하나 더 전한다. 관리자로서 자신의 정체성에 아직 적응이 안 됐다면 영감과 아이디어를 제공하는 책을 읽거나, 비슷한 고민을 안고 있는 사람들이 모이는 온라인 커뮤니티에서 소통해 보자. 이와 달리, 양상이 복잡하고 중요한 실질적 문제를 해결해야 한다면 다른 접근법이 필요하다. 직장에서 어떤 문제가 생겼을 때 가장 직접 도움을 줄 사람은 상사다. 관리자여도 상사는 당연히 있을 것이다. 도저히 혼자 해결할 수 없는 문제가 있다면 상사에게 질문하고 피드백을 얻자.

❹ 팀을 새로 꾸리기 전에

자기 생각부터 정리한다

팀을 새롭게 구성할 때는 어디서부터 시작하면 좋을까? 이 질문에 대한 답은 저마다 다르다. "먼저 후보자의 이력서를 충분히 받아야죠. 그래야 그중 우수한 인재를 선별할 수 있잖아요." "모집할 직위에 어떤 사람이 필요할지 생각하는 게 우선입니다. 그 자리에 필요한 능력이나 핵심 자질이 무엇인지 살피는 겁니다." 제각각인 답들이지만 공통으로 중요하게 여기는 사항이 있음을 알 수 있다. 바로 능력 있는 팀원이다.

나 또한 직접 팀원을 채용해 새로운 팀을 구성한 적이 있다. 그때 다음과 같은 점을 생각했다.

팀을 새롭게 구성할 때 생각할 점

❶ 올해 팀의 목표는 무엇인가? 어떤 결과를 보여 줘야 하는가?

❷ 그 결과에 도달하려면 어떤 일들을 해야 하는가?

❸ 그 일들을 해내려면 어떤 팀이 있어야 하는가?

❹ 현재 팀에는 무엇이 있고 무엇이 없는가?

❺ 어떤 자질과 경험을 갖춘 사람을 채용해야 하는가?

관리자라면 대부분 나와 비슷한 고민을 한다. 채용은 관리자 입장에서 자원과 부담을 동시에 늘리는 것이다. 영향력이 미치는 범위가 넓어지고 할 수 있는 일도 늘겠지만, 채용 투자에 비해 만족스러운 결과를 얻지 못하면 더 많은 문제가 발생할 수 있다.

　　팀을 구성할 당시 나는 기획, 실행, 안정화 작업을 포함해서 완전히 새롭고 도전적인 프로젝트를 완수하는 것을 목표로 삼았다. 이는 업무 지침을 새로 만들고, 새로 만들어진 프로세스를 원활하게 관리하며, 효율성과 이익까지 보장하겠다는 의미였다. 먼저 이렇게 목표를 정리한 뒤, 팀원 선정 기준을 정했다. 팀에는 업무를 이해하는 사람뿐만 아니라 프로젝트와 프로세스를 관리할 줄 아는 사람도 필요했다. 프로젝트를 추진하며 문제를 발견하고, 문제 해결을 위한 변화를 이뤄 내며, 도전 과제까지 완수해야 해서 새로운 프로젝트를 안정화하고 프로세스를 최적화해 본 경험이 있는 사람이 가장 이상적이었다. 다음으로는 학력, 외국어 구사 능력, 연차, 경력 등 하드웨어 조건을 고려했다. 이처럼 목표부터 정하고 그에 맞춰 업무에 적합한 사람들을 채용한 결과, 입사 후 팀원들은 기대한 만큼 뛰어난 업무 능력을 보였고 금방 두각을 나타내 승진과 연봉 인상의 기회를 비교적 빨리 얻었다.

관리자라면 팀 구성이나 채용 시 기본 논리를 확실하게 정리해 두는 것이 필요하다. 이를 제대로 하지 않으면 능력이 뛰어난 사람을 뽑아 놓고도 그 사람이 지닌 장점을 제대로 활용하지 못한다.

예전에 한 친구가 사람들이 부러워하는 회사에 합격했다. 그런데 막상 입사하고 보니 자신과 포지션이 겹치는 직원이 이미 있었다. 팀장은 곧 담당 업무를 조정해 주겠다고 말했으나 어쩐 일인지 차일피일 미루기만 했다. 문제는 자신만 이런 상황이 아니라는 거였다: 팀장은 사람을 적재적소에 쓰는 법을 몰랐고, 팀원들은 아깝게도 자기 능력을 썩히고 있었다. 친구는 얼마간 시간을 흘려보내며 팀에서 자기 위치와 경쟁력에 관해 고민하다 끝내 회사를 그만두었다. 당시 친구는 말했다. "다음에 구직할 때는 내가 팀에서 어떤 역할을 하게 될지 확실히 물어볼 거야." 힘든 경험을 통해 교훈을 얻은 사람답게 그 친구는 야무지게 구직활동을 했고, 얼마 뒤 신중하게 재취업했다.

　　마지막으로 팀을 구성할 때 강조하고 싶은 점 하나는, 시간이 걸리더라도 적임자를 찾으라는 것이다. 시간이 없다는 이유로 기준에 못 미치는 사람을 채용해서는 절대 안 된다. 부적격자를 뽑으면 팀 업무에 문제가 생기는 것은 당연하며, 동시에 채용된 사람의 미래에도 바람직할 리 없다.

🔴 나보다 능력 있는 팀원을
뽑아도 괜찮은 이유

신생 팀을 맡게 됐을 때 일이다. 팀 구축에 주어진 시간이 많지 않았기 때문에 빠른 시일 내에 업무에 적응할 수 있는 능력 있고 경험 풍부한 팀원이 필요했다. 팀 상황을 고려해 사람을 뽑자니, 팀원이 나보다 나이나 경력이 많을 수밖에 없었다. '그런 사람이 팀에 합류하면 내가 과연 관리자로서 잘 해낼 수 있을까?' 인사팀에서 보내 준 이력서를 살피면서 의문이 떠올랐다.

관리직으로 갓 승진한 사람이라면 이런 문제를 겪을 가능성이 크다. 잠재력이 크며 젊고 연차가 적어 관리하기 쉬운 사람을 선택할 것인가, 아니면 경험이 풍부해 팀에 즉시 큰 도움이 되지만 연차가 높아 관리할 때 어려울 것 같은 사람을 선택할 것인가. 나의 경우, 심지어 '경험 많은 직원이 내가 관리자로서 아직 부족한 것을 알면 어떻게 될까?' 하고 별별 걱정이 다 들었다.

한창 여러 생각으로 마음이 복잡했을 때 친구가 본인도 같은 일을 겪었다며 이렇게 말해 주었다. "너도 이제 중간 관리자가 제일 어려운 자리라는 걸 차차 알게 될 거야. 위로는 상사의 요구를 만족시켜야 하고 아래로는 팀원을 잘 관리해야 하니까. 상사는 너한테 불만이 있을 수 있고, 팀원은 네 말을 순순히 듣지 않을 수 있어. 그리고 무엇보다 너보다 능력이 떨어지는 사람을 뽑으면 관리하기 쉽겠다는 생각은 완전히 버려야 해."

친구가 잠시 숨을 고르더니 설명을 이어 갔다. "너보다 능력이 떨어지는 사람을 뽑으면 네가 힘들어서 먼저 나자빠질 거야. 팀원이 강할수록 팀도 강해질 수 있어. 너도 일하기 편해지고 기회도 많아지지. 상사가 볼 때 너희 팀이 일을 잘하면 네가 리더 역할을 잘한 거고, 너희 팀이 일을 못하면 네가 관리를 못해서인 거야. 특히나 강조하고 싶은 건, 능력이 부족한 사람이 네 옆에 있다고 관리자인 네가 더 돋보이는 건 아니라는 점이야."

친구의 솔직한 조언을 듣고 나서 나는 나보다 능력이

뛰어난 팀원을 뽑으면 어떤 점이 좋은지 분석해 보았다.

관리자가 자기보다 뛰어난 부서원을 뽑았을 때의 장점

❶ 부서 전체의 업무 수행 능력이 상승하고, 이와 함께 업무 결과도 나아진다. 관리자도 유능한 부서원을 관리하기 위해 관리 능력을 키우게 된다. 이른바 '메기 효과'라 할 수 있다. 이는 강한 경쟁자의 존재가 다른 경쟁자의 잠재력을 끌어올리는 현상이다.

❷ 관리자는 자기 시간을 자유롭게 운용하며 중요한 일에 좀 더 집중할 수 있다. 유능한 부서원은 자기관리 능력이 뛰어나고 책임감도 있으며, 다른 부서원에게 긍정적인 영향을 끼친다. 유명 기업가들이 능력 있는 직원의 중요성을 강조하는 데는 이유가 있다.

❸ 관리자의 상사가 관리자를 좋게 평가할 가능성이 높다. 인재 채용 능력, 리더십, 관리력, 소통 측면에서 실력을 발휘하고 있다고 여길 것이다.

이 같은 장점들에도 불구하고 여전히 자신보다 뛰어난 사람을 뽑는 것이 꺼려진다면 관리자 스스로 자신의 위치와 강점을 재평가해야 한다. 혹시 자신이 다른 사람으로 쉽게 대체될 수 있다고 생각하는가? 실력이 부족해 자신감이 떨어지는 것을 극복하게 위해서는 실력을 키우는 것이 답이다.

   지금까지 살펴보았듯 관리자가 직원을 뽑을 때는 '관리하기 쉬운' 사람이 아니라 그 자리에 적합한 사람을 찾아야 한다. 이제 막 관리자가 됐다면 능력이 뛰어난 부서원에게 배우고 얻는 것이 훨씬 많다. 여러분은 유능한 부서원과 긴밀하게 협력하는 데 노력을 기울여야 한다. 그러다 보면 더 멋진 이력, 더 좋은 기회, 더 든든한 내 편을 얻게 된다.

㊺ | 우리 팀에 필요한
인재를 찾는 면접법

몇 년 전 처음으로 팀장으로 승진해 팀원을 뽑을 때, 정말 막막했다. 특히 서류 심사를 마친 뒤 면접을 앞둔 시점에는 '우리 팀에 꼭 필요한 사람을 뽑을 수 있을까' 하는 걱정으로 잠도 안 왔다. 그래서 곧바로 채용과 관련한 워크숍에 참여했다. 워크숍에서 널리 사용되는 면접법은 물론, 면접관의 매너, 면접 시 면접관이 주의할 점 등 유익한 사항을 배울 수 있었다. 이를 바탕으로 여러 차례 면접관으로서 경험을 쌓으면서 나만의 노하우도 생겼다. 여기서는 그중 가장 핵심만 공유하겠다.

핵심1. 면접관도 지켜야 할 면접 매너가 있다.

면접관은 면접자에게 그 기업의 첫인상을 심어 주는 사람
이다. 조금 더 나아가 기업 문화를 대표한다고도 할 수 있
다. 흔히 면접이라고 하면 기업이 사람을 뽑는 것만 생각하
기 쉬우나, 사실 면접은 양측이 서로를 선별하는 과정이다.
그러므로 면접관도 면접 매너를 지켜서 면접자에게 호감을
주는 게 좋다.

생각해 보자. 능력이 뛰어난 사람은 여러 기업에서 채
용 통지서를 받기 마련이다. 이런 사람을 데려오려면 연봉
에서도 경쟁력이 있어야 할뿐더러, 기업이 추구하는 가치
와 신념은 무엇인지, 기업이 직원을 어떻게 대하는지, 근무
환경은 어떤지 등을 포함하는 기업 문화가 매력적이어야
한다.

나는 SNS 팔로워들이 면접을 보고 나서 불만을 토로하
는 모습을 많이 접했다. "면접 중에 면접관이 노트북만 쳐다
보고 정작 저한테는 눈길조차 안 주더라고요." "팔짱을 끼
거나 다리를 꼰 면접관 모습이 사람을 내려다보는 것 같아
기분이 안 좋았어요." "면접관이 이 좋은 학력으로 왜 이
회사에 입사하려고 하냐고 묻더라고요. 너무 황당해서 자
리를 박차고 나가고 싶었어요."

이 중에는 유명 대기업 면접관 사례도 적지 않다. 그

렇다면 면접관이 지켜야 할 매너로는 무엇이 있을까? 면접 시작부터 끝까지 시간순으로 정리하면 이렇다.

면접관이 지켜야 할 매너

❶ 일단 면접자가 들어오면 인사를 건네며 자리에 앉으라고 권하자.

❷ 면접 중에는 무엇보다 면접자와 소통하는 데 중점을 두되, 노트북 등으로 면접 내용을 계속 기록해야 한다면 사전에 면접자에게 양해를 구해 오해를 피한다.

❸ 특히 면접관이 여러 명일 때는 면접관끼리 시시덕거리지 않는다.

❹ 만일 전략적으로 상대방의 말을 끊었거나 강경한 태도로 압박 면접을 진행했다면 면접을 마친 뒤 반드시 상황을 설명한다.

❺ 면접이 끝나면 자리에서 일어나 면접자와 인사를 나눈다.

핵심2. 면접자의 기본 자질과 현황을 확인하는 질문은 필수다.

어느 면접관이든 공통으로 하는 질문이 있다. 바로 직장인으로서 면접자의 기본 자질을 확인하는 다음과 같은 질문이다.

면접자의 기본 자질을 확인하는 질문

‣ "지금 직장에서는 어떤 직위에 있습니까?" "업무 보고는 누

구에게 하나요?" "같은 직위에서 일하는 동료는 몇 명이나 있나요?" "그들은 각각 무엇을 담당하나요?"

‣ "지금 직장의 핵심성과지표(조직이 목표하는 바를 달성하기 위한 지표를 수치화한 것, Key Performance Indicator, KPI)에는 무엇이 있나요?" "각 세부사항을 자세히 설명할 수 있나요?"

‣ "우리가 뽑으려는 직위는 ○○으로 ○○ 업무를 담당할 것입니다. 지금까지 해 온 업무가 연관성이 있나요?" "연관성이 있거나 비슷하다면 그동안 업무를 어떻게 처리했나요?" "업무 중에서 무엇이 가장 어려웠습니까?"

핵심3. 행동면접법을 활용한다.

행동면접법Behavioural Based Interview이란 면접자의 과거 행동을 통해 미래의 업무 성과를 예측하려는 목적으로 사용되는 면접 기법이다. 한 사람의 성격과 행동에 큰 변화가 없다고 가정하고, 그 사람이 과거에 특정 상황에서 취한 행동을 기반으로 미래에 어떤 모습을 보여 줄지를 합리적으로 예측하는 것이다. 이 방법을 활용하면 면접자가 채용되어 같이 일할 때 어떨지를 구체적으로 그려 볼 수 있다.

그런데 행동면접법에 따르면 '만약에'로 시작하는 질문은 하지 않아야 한다. 팀에 스트레스 저항력이 강한 사람이 필요할 때 "만약에 스트레스가 심한 일이 생기면 어떻게 하겠습니까?"라고 하면, 면접자는 "스스로 잘 조절해서 스트레스를 원동력으로 삼겠습니다"라는 식으로 완벽한 대답을 할 테니까 말이다. 면접관이 확인할 것은 면접자의 솔직한 반응이다. 따라서 이렇게 질문하는 게 좋다. "혹시 시간에 쫓기고 업무도 막중해서 스트레스가 심했던 적이 있습니까? 그때 어떻게 일을 처리했나요?"

핵심4. 사회적으로 문제가 될 만한 질문은 금물이다.

전제했듯 면접관의 모습과 태도는 면접 중에 기업 문화를 대표한다. 그러니 사회적으로 문제가 될 질문을 해서는 절대 안 된다. 개인 신상에 관한 질문, 여성의 결혼이나 출산과 관련한 질문 등은 피해야 한다.

하지만 면접에 너무 열중하다 보면 면접관도 깜박하고 말실수할 때가 있다. 반대로 면접자가 정신없이 이야기하다가 먼저 개인 상황을 꺼내기도 한다. 이럴 때 면접관은 어떻게 해야 할까? "알려 줘서 고맙습니다. 그 정보는 채용에 어떤 영향도 미치지 않을 것입니다"라고 말하는 게 가장 합리적인 대처다.

핵심5. 심층 질문은 면접자의 말에서 단서를 찾는다.

수많은 면접에 참여해 본 결과, 한 시간 정도 되는 면접만으로 면접자를 속속들이 파악하는 것은 아무래도 한계가 있었다. 이후 베테랑 면접관의 면접장을 참관했는데 그때 배운 게 있다. 바로 '상대방이 제공하는 정보에서 단서를 찾아 더 깊이 파고들기'다. 그러면서 정말 우리 팀에 필요한 능력을 탐색하는 것이다.

면접자가 "우리가 그 행사를 성공적으로 개최했습니다"라고 했다고 하자. 단순히 '나'를 '우리'로 표현하는 언어 습관이 있을 수도 있지만 어쩌면 면접자가 사실을 왜곡한 것일지도 모른다. 같은 팀의 다른 사람이 행사를 거의 담당했고 본인은 별다른 활약 없이 자리만 채웠다든지 말이다. 그럴 때는 면접관이 명확하게 상황을 확인하도록 한다. "지원자가 말하는 '우리'는 누구를 가리킵니까? 당신이 속했던 팀입니까?" "당시 팀원은 총 몇 명이었고 각자 무슨 일을 했나요?" "지원자는 그때 무슨 일을 했고 팀에서 어떤 역할을 했습니까?" 이런 식으로 질문을 연달아 던지면 면접자의 실제 능력을 어느 정도 확인할 수 있다.

면접자가 업무 결과를 애매모호하게 표현할 때도 확인이 필요하다. "그 상품을 출시한 뒤 매출이 눈에 띄게 좋아졌습니다"라고 대답했다면 구체적인 매출 수치를 질문하자. 또한 면접자가 "10퍼센트 상승했다"고 하면 기준 시점은 무엇인지, 10퍼센트가 어떻게 계산된 건지, 매출이 상승했다면 다른 지표도 상승했는지 하락했는지 등으로 질문을 이어 가면서, 면접자의 실제 능력과 성과를 확인할 수 있다.

마지막으로 면접관으로서 지킬 점 한 가지를 더 당부하겠다. 면접자의 정보와 면접 상황을 함부로 제3자에게 공개하면 안 된다는 것이다. 여러분이 생각하는 것보다 업계는 훨씬 좁다. 자칫 이런 정보가 새어 나갔다가는 기업 이미지도 실추되고, 면접자도 곤경에 빠뜨릴 수 있다.

예전에 한 면접관이 면접자의 정보를 실수로 사내에 흘린 적이 있는데 그 소식이 빠르게 퍼져 면접자의 현 직장 상사의 귀에까지 들어가고 말았다. 당연히 면접자는 해당 기업에 강하게 항의했고, 그 기업은 채용하는 입장인데도 오히려 저자세를 취할 수밖에 없었다.

㊻ | # 초보 팀장도 최강 팀워크를
만 들 수 있 다

최근 몇 년간 아이돌 그룹 멤버를 뽑는 예능 프로그램이 인기를 끌었다. 서바이벌을 통해 가수 지망생들이 선발되는 과정을 생생하게 보여 주는데, 최종적으로 뽑힌 이들은 대개 '팀'이라고 하기에는 부족한 모습이다. 아직은 같은 팀이라는 의식이 희박해서다. 회사에서도 마찬가지다. 아무리 회사나 팀장이 채용해서 모인 사람들이라 해도 갑자기 진짜 팀이 되긴 어렵다. 팀워크를 발휘하며 함께 어떤 일을 해내려면 사람들이 서로를 같은 팀이라고 생각해야 형식적인 팀에서 진정한 의미의 팀으로 거듭난다.

그렇다면 팀 관리자는 진정한 의미의 팀을 만들기 위해 어떻게 해야 할까? 직장생활을 하며 내가 얻은 노하우

를 모두 공개한다. 이를 성실하게 실천한다면 초보 팀장이
라도 분명 팀워크가 최강인 팀을 만들 수 있을 것이다.

1. 회사와 팀의 비전, 사명, 목표를 정한다.

이제 막 팀장이 된 초보 팀장은 이 항목을 보자마자 너무
거창하고 자신과 동떨어진 작업이라고 생각할지 모른다.
그런데 이 작업은 정말 가치 있는 작업이니 반드시 해 보길
바란다. 팀원들이 일의 가치와 팀의 의미를 이해하고, 의욕
을 고취하며, 동질감을 형성하는 데 큰 도움이 될 것이다.
그러면 각 용어의 개념을 알아보자.

　① 비전Vision은 사전적 의미로 '장래의 상황'을 가리킨
다. 쉽게 말해, 비전에는 미래 방향, 거시적 소망, 어떤 팀
이 되고 싶은지 등을 담으면 된다. 이를 정하기 어렵다면
구체적인 수치로 표현하는 것도 한 방법이다. 예를 들어 중
국 전자상거래 대기업인 알리바바그룹의 비전은 '102년간
꾸준히 성장하는 회사가 돼 2036년까지 소비자 20억 명에
게 서비스하고 일자리 1억 개를 창출하며 중소기업 1천만
곳이 수익을 거두게 돕는 것'이었다.

　② 사명Mission은 사전적으로 '맡겨진 임무'라는 뜻이
다. 사명에는 팀의 존재 가치, 구체적인 임무와 목표, 어떤

사람이 어떤 가치를 창출하도록 도울지 등을 담는다. 알리바바그룹의 사명은 '이 세상에 하기 힘든 사업이 없게 하는 것'이다.

③ 목표Goal는 단계별 팀의 업무 방향과 업무 계획이다.

2. 목표를 중심으로 업무를 작게 나누어 분배한다.

팀을 이끄는 것은 한 사람을 이끄는 것과 다르다. 팀장이 되기 전 선배로서 직속 후배 한 사람을 이끌 때는 그저 둘이 호흡을 맞춰 업무를 해내면 그만이었을 것이다. 그런데 팀장으로서 팀원 수가 두 명 이상만 돼도 모두에게 합리적이면서도 공평하게 업무를 분배하는 게 쉽지 않다. 특히 규모가 있고 복합적인 업무라면 팀장의 머릿속은 더 복잡해진다. 이렇게 업무 분배가 어려울 때는 일단 목표를 중심으로 업무를 작게 나누자. 그런 뒤 팀원의 능력과 성향 등을 고려해 작은 일들을 여러 개씩 맡기는 게 좋다.

3. 우리 팀만의 '정보 공유 메커니즘'을 만든다.

팀 정기 회의, 팀 채팅방 등 소통 창구를 만들어 회사의 최신 비즈니스 동향, 업무 방향, 업무 내용, 업무 진행 상황 등의 정보를 활발히 나눈다. 즉, 우리 팀만의 '정보 공유 메커니즘'을 만드는 것이다. 이 작업이 왜 중요할까? 신생 팀일수록 팀원이 서로 무엇을 하는지 모르거나, 그 업무의 방향과 내용이 무엇인지 공유가 안 되는 경우가 많다. 모두 팀의 발전과 팀워크를 해치는 요인이다. 그러므로 팀장을 비롯해 전 팀원이 정보를 적극적으로 공유하도록 한다.

4. 정보와 지식을 공유하며 팀 전체 능률을 끌어올린다.

오래전 함께 일하던 팀은 팀 분위기가 참 훈훈했다. 팀장님의 따뜻한 격려하에 서로의 정보와 지식을 나누고 익히는 분위기였는데, 그러다 보니 자연스럽게 업무 능률까지 올랐다. 나는 팀장이 된 뒤에 당시를 떠올리며 팀원에게 여러 경험을 공유하게 했었고 좋은 효과를 보았다.

팀장이 되었다면 팀원 모두가 정보와 지식을 적극적으로 공유하게 하자. 그렇게 하라고 말만 하는 것으로는 부족하다. 팀에서 정식으로 정보와 지식을 공유하는 시간을 마련하기를 추천한다. 정기 회의를 활용하는 것도 괜찮다. 어차피 모이는 김에 일부 시간을 할애하면 누구나 부담 없이 참여할 것이다.

5. 정해진 시간에 일대일 회의를 진행한다.

팀 정기 회의 외에도 팀장과 팀원 간에는 일대일 회의가 필요하다. 누구나 팀원 모두가 함께하는 자리에서는 미처 말하기 힘든 문제가 있기 마련이다. 특히 신입사원이라면 더욱 이런 시간이 필요하다.

우리 팀에 갓 졸업한 신입사원 서후가 들어왔을 때 일이다. 신입사원은 기초가 부족한 만큼 주간 회의에서 선배들 이야기를 들으면 이해 안 가는 것이 많다. 그렇다고 한창 열띤 대화가 이뤄지는 중에 질문하는 것도 민망하다. 이런 점을 고려해 나는 서후와 일주일에 1회씩 일대일로 회의하는 시간을 가졌다. 직장생활에 관한 서후의 광범위한 질문에 답해 주고 코칭하며, 나아진 점은 칭찬하고 부족한 부분은 지적했다. 그런 시간을 보내며 서후는 금방 업무를 익혔고, 어느 정도 업무에 익숙해졌을 무렵부터는 회의 빈도를 2주에 1회로 줄였다. 그리고 회의 내용도 직장생활보다는 업무 수행에 관한 것으로 바꾸었다.

6. 모두가 인정하는 규칙을 세운다.

팀도 하나의 조직이다. 조직이 제대로 기능하려면 규칙이 있어야 한다. 이때 팀장이 일방적으로 규칙을 정하지 말고 팀원과 다 같이 정하면 자발성이 높아진다. 규칙이라고 해서 거창하게 생각하지 말자. 그저 직장생활을 잘하기 위한 공동의 약속이면 뭐든 괜찮다. 직접적이고 투명하게 의사소통을 한다든지, 일에 대해서만 지적하고 인신공격은 하지 않는다든지, 맡은 일은 끝까지 책임진다든지……. 구체적일수록 좋다. 구체적이지 않으면 약속을 회피할 이유를 자꾸 만드는 게 사람 심리다.

㊼ | **팀원 모두가 만족하는**

공평한 업무 분배란?

우리 팀에 서율이라는 개성 강한 인턴이 일한 적이 있다. 언젠가 서율은 자기 일이 많은 것 같다며 불평했다. "저는 하루 종일 바쁜데 다른 인턴은 너무 한가해 보여요……." 한마디로 이들을 관리하는 내가 업무를 불공평하게 분배했다는 말이었다. 그런데 실상은 달랐다. 내가 다른 인턴에게 맡긴 업무량은 절대 적지 않았으나 워낙 일을 잘하는 사람이라 그렇게 보였을 뿐이었다.

일단 나는 서율에게 "무슨 말인지 알겠어요"라고 했다. 서율의 태도가 성숙하지 못하긴 했지만 내가 소홀히 한점도 있었다. 나는 팀원이 새롭게 들어올 때마다 회의를 열어서 모든 사람의 업무를 명확히 분배하곤 한다. 그러나 인턴에게까지는 그렇게 하지 않는 바람에 오해가 생긴 것이다.

팀을 이끄는 사람에게 업무 분배는 중요한 업무다. 그러므로 팀원이 팀의 업무 분배 상황을 확인할 수 있는 업무 분배표를 만들어 공개하는 것이 좋다.

내가 자주 사용하는 업무 분배표를 공유한다(표6-1). 업무 종류(프로젝트, 일상 업무 등), 중요도, 세부사항, 보고일, 담당자 등을 기본 사항으로 설정하고, 필요하면 항목을 추가한다. 업무를 분배할 때는 다음에 유의한다.

업무를 분배할 때 체크리스트

☐ 모든 팀원과 개별 소통해 업무 분배에 대한 의견을 듣는다.

☐ 모든 팀원에게 일상 업무를 어느 정도씩 분배한다.

☐ 프로젝트 업무는 직위나 업무 수행 능력에 맞게 분배한다.

표6-1 / 팀 업무 분배표 예시

업무 종류	중요도	세부사항	보고일	담당자
프로젝트1	상	올해 하반기 출시 상품 시제품 디자인 점검	매주	A, B
프로젝트2	상	내년 상반기 출시 상품 기획	매주	A, C
일상 업무1	중	작년 출시 상품 고객만족도 조사 분석	매일	C
일상 업무2	하	상품 모니터링단 모집 공고 기획	매일	D
사내 교육 공유	중	대리급 사내 교육 핵심 내용 공유	매주	C

□ 직위가 낮은 팀원에게 너무 잡다한 업무만 맡기지 않았는지 주의한다. 팀원이 자신의 업무를 완수함으로써 업무 수행 능력을 성장시킬 수 있도록 업무 분배가 되어야 한다.

□ 팀원 모두가 돌아가면서 담당할 수 있는 프로젝트가 있는지 확인한다. 이런 프로젝트는 과장, 대리급에게는 반복을 통해 업무 능력을 키울 기회를 제공하며, 사원급에게는 도전할 기회를 준다.

□ 일차적으로 표를 만든 다음, 팀 회의에서 공유하고 팀원의 의견을 듣는다. 만일 수정, 보완할 점이 있으면 이를 반영해 최종적으로 표를 확정한다.

업무 분배표를 활용하면 어떤 점이 좋을까? 일단 팀 업무의 핵심이 일목요연하게 보이므로 손을 놀리는 인력도 없어지고 업무 사각지대도 없앨 수 있다. 한마디로 인력과 업무가 효과적으로 매칭된다. 또 불명확한 업무 분배로 팀원이 느낄 수 있는 부정적인 감정을 줄여 준다.

마지막으로 업무 분배표는 일종의 업무 기록이다. 업무 기록은 기본적으로 업무 중복, 시간 낭비, 비용 손실 등을 방지하며, 꾸준히 쌓이면 팀의 문화와 역사를 보여 주는 자료가 될 뿐 아니라, 문제가 발생했을 때 법적 증거가 되기도 한다.

㊽ | **업무 위임은**

단 순 히 일 만 넘 기 는 게 아 니 다

새로 팀장이 되면 자기 업무 일부를 팀원에게 위임해야 하는데, 이때 팀장이 자신에게 좋은 업무를 할당해 주지 않는다며 불만을 토로하는 팀원이 있을 수도 있다. 어떻게 해야 이 문제를 해결할 수 있을까?

업무를 위임할 때 일반적으로 고려할 점은 다음과 같다.

자신의 업무를 팀원에게 인계할 때 고려할 점

❶ 업무 중요성: 이 업무는 얼마나 중요한가? 업무에 중요도 등급을 매긴다면 총 5등급(5등급-가장 중요) 중 몇 등급에 해당할까? 몇 명의 팀원에게 할당해야 업무를 완수할 수 있을까?

❷ 업무 수행 능력: 이 업무를 완수하려면 과거 경험이 필수인가?

업무를 맡길 팀원의 수행 능력이라면 어느 정도 완수할까? 혼자서 업무를 완수할 수 없다면 다른 팀원이 보조하면 가능할까?

❸ 예상리스크: 이 업무를 수행하는 데 어려운 점은 무엇인가? 이 업무를 하는 팀원이 겪을 것으로 예상하는 문제는 무엇인가? 애초에 그 문제가 발생하지 않도록 관리자로서 어느 시점에 점검하면 될까?

❹ 신뢰도: 그 팀원은 안심하고 일을 맡길 만한 사람인가? 성실하고 책임감이 있으며 세심하게 일을 완수할 만한 사람인가?

팀장이라면 '업무 중요성'과 '업무 수행 능력' 항목을 깐깐하게 따져 위임해야 한다. 능력이 부족한 팀원이 임무를 맡겠다고 나설 때는 특히 신중하게 판단하자. 어떤 관리자는 훈련 차원이라며 덥석 업무를 맡기기도 하는데, 능력에 맞지 않은 업무에 덤빈다고 업무가 제대로 해결될 리도, 또한 훈련될 리도 없다.

　　그럼, 어떻게 해야 팀원의 의욕을 꺾지 않으면서 잘 거절할 수 있을까? 내 예전 상사의 방법이 참고할 만해서 공유한다. 당시 우리 팀에는 원래 하던 업무를 다른 프로젝트 업무로 바꾸고 싶어 하는 동료가 있었다. 그런데 상사가 동료에게 이렇게 이야기하며 설득하는 것을 보았다. "그 프로젝트를 맡으려면 ○ ○ ○ 능력을 갖춰야 해요. 김 대리가 그 능력이 준비되면 얘기해 주세요. 다음에 담당 업무를 바꾸는 걸 진지하게 고려하겠습니다." 팀원이 노력해야 하는 방향을 짚어 주면서, 동시에 엉뚱한 사람이 업무를 맡는 것을 막는 현명한 소통법이어서 나는 깊은 인상을 받았다.

¶

업무를 위임할 때 주의점이 또 있다. 업무 위임은 중요한 공식 절차라는 점이다. 그래서 다음 일들을 포함해야 한다.

1. 업무를 위임하면서 업무 배경과 목표도 전달한다.

위임할 때 달랑 업무만 넘기고, 업무 배경과 목표를 확실하게 전달하지 않으면 안 된다. 그렇게 하면 관리자와 업무 담당자가 이해한 내용이 달라져 최악의 상황에는 담당자가 처음부터 다시 일해야 할지도 모른다.

2. 사전에 업무 진행 상황을 어떤 빈도와 방식으로 팔로업할지 정한다.

업무 수행 기간이 긴 프로젝트라면 특히 중요한 항목이다. 사전에 팔로업 방식을 잘 정하면 제때 업무 진행 상황을 파악할 수 있기에 업무가 엉뚱한 방향으로 진행되지 않는다. 그리고 시도 때도 없이 업무 진행을 점검하지 않고 정기적으로 소통하면 담당자도 간섭받는 듯한 느낌이 들지 않을 것이다.

3. 피드백을 전할 때는 구체적인 행동과 사례에 근거한다.

팀원에게 피드백을 줄 때는 근거가 있어야 한다. 개괄적인 평가, 모호한 조언보다는 팀장이 기대하는 구체적인 행동을 사례로 들며 설명하면 상대가 훨씬 이해하기 쉽다.

예전에 어떤 프로젝트를 앞두고 상사가 내게 "더 능동적으로 관리하세요"라고 주문한 적이 있다. 그 말이 선뜻 와닿지 않았는데, 내 표정을 살피던 상사가 다시 한번 자세히 얘기해 주었다. "○○ 업무는 ○○로 처리하세요. 지난 분기까지 이 업무를 하던 이 과장은 ○○○ 자료를 활용해서 업무를 처리했으니 참고하고요." 나는 그제야 상사의 말을 파악할 수 있었다.

업무 위임을 단순하게 팀원에게 일을 넘기는 과정이라고 생각하면 큰코다치기 쉽다. 여기서 알아본 여러 사항을 잘 익히고 업무에 의식적으로 활용하기 바란다.

⑭ 어떻게 하면 팀을

안정적으로 운영할까?

회사에서 팀장을 맡고 있는 한 친구가 내게 고민을 털어놓았다.

"우리 팀이 나름 실력이 괜찮거든. 그런데 일도 잘하고 인간관계도 좋던 직원 하나가 얼마 전 퇴사하고 나니 다른 팀원들이 너무 허전해하고 업무에도 영향이 가더라고. 이럴 때 팀원들을 감정적으로 위로해 주고 다시 똘똘 뭉치게 할 좋은 방법이 없을까?"

얘기를 들은 나는 일 잘하던 직원이 회사를 그만둔 이유를 친구에게 물었다.

"우리 팀은 회사가 큰 프로젝트를 수주하면서 만들어졌어. 프로젝트가 마무리돼서 곧 새로운 프로젝트를 담당하게 될 거야. 새 프로젝트 규모에 따라 어쩌면 인력이 재배치될 수도 있고. 그 직원은 이런 팀 상황이 불안했던 것 같아."

나는 친구에게 '터크먼의 5단계 팀 발달 모델'을 참고하라고 조언했다(그림6-1). 바로 1965년 미국 심리학자 브루스 터크먼Bruce Tuckman이 발표한 이론이다. 원래 '형성기-격동기-규범기-성취기'로 구성되었던 이 모델은 1977년 5단계 '해산기'가 추가됐다.

이 모델은 팀을 운영할 때 좋은 참고 자료가 되어 준다. 팀 관리자는 팀의 상황을 판단해 각 단계마다 필요한 도움을 얻을 수 있다. 그럼, 터크먼의 5단계 팀 발달 모델의 핵심을 알아보자.

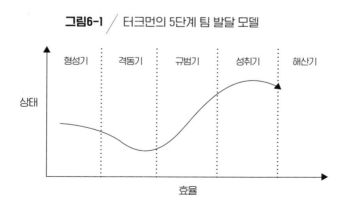

그림6-1 / 터크먼의 5단계 팀 발달 모델

터크먼의 5단계 팀 발달 모델

형성기 팀을 구성하고 팀원끼리 서로를 알아 가면서 협력하기 시작한다. 역할을 정립하고 업무 수행 방식을 탐색하는 이 단계에서는 업무 효율이 괜찮은 편이다.

격동기 팀에서 다양한 개념을 만드는 과정으로, 팀원 간에 충돌과 마찰이 발생한다. 이 단계에서는 업무 효율이 다소 떨어진다.

규범기 팀의 규칙, 방법, 경계가 기본적으로 수립된 상태다. 팀워크가 형성되면서 업무 효율이 점차 올라간다.

성취기 팀의 역할과 직책이 분명해진다. 팀원끼리 합을 맞추거나 자율적으로 일하는 등 유연하면서도 팀워크가 강해진다. 업무 효율이 무척 높아진다.

해산기 업무를 완수해 팀이 해산하거나 조정된다. 새로운 팀 사이클에 진입한다.

맨 마지막 단계인 해산기에 대해 보충 설명을 하면, 이 단계에서는 팀이 임무를 완수했기 때문에 정상적으로 해산하거나, 구조조정을 통해 새로운 팀이 만들어질 수 있다. 만약 후자라면 팀원은 불확실성을 크게 느끼고 업무에 대한 동기가 다소 하락하며 감정적으로 힘들어하기도 한다. 그래서 일부 학자는 이 단계를 '애통기'라고 칭한다.

팀 발달 모델은 5단계가 선형으로 진행될 수도 있고 순환할 수도 있다. 또한 모든 팀이 5단계를 완료하고 한층 발전된 단계로 나아가는 것은 아니다. 어떤 팀은 중간 단계에만 계속 머무르거나 격동기를 버티지 못하고 해산한다.

관리자는 이런 여러 상황을 고려하며 팀이 가장 높은 효율을 발휘하도록 이끌어야 한다. 구체적으로는 단계별로 다음과 같은 일을 하면 된다.

팀 발달 단계에 맞춰 관리자가 할 일

형성기 팀장이 직접 관리하고 지휘하면서 팀원이 좋은 상호관계를 맺도록 이끈다. 팀원과 팀 목표를 공유하고 현재 업무에 주목하면서 다른 팀과 소통한다.

격동기 팀원 간 충돌과 갈등이 증가하는 시기다. 업무 방향이 불명확하거나, 업무가 불합리하게 분배되거나, 업무 수행에 실패한 것이 원인일지 모른다. 이때 팀장은 팀원의 의견을 경청하고, 내용이 명확한 방안을 전달하며, 투명하고 공개적인 메커니즘을 세운다. 팀원마다 다른 점과 장점이 있음을 알려 주고 서로 지지하고 포용하도록 독려한다.

규범기 팀의 효율이 조금씩 올라간다. 팀장은 업무와 상황에 따라 팀원에게 자율성과 권한을 부여한다.

성취기 팀장은 팀원이 더 성장할 수 있도록 더 많은 일을 위임한다.

해산기 업무가 끝나면 팀은 해산하거나 구조조정을 맞이한다. 이때 팀장은 팀원이 조직의 결정을 이해하도록 안내할 수 있다.

물론 터크먼의 5단계 팀 발달 모델이 완벽한 것은 아니다. 특히 팀장의 주관적인 판단에 의존하는 비중이 높다는 한

계가 있다. 하지만 팀장이 주먹구구식으로 팀을 운영하는 것보다는 오랫동안 학계와 경영 현장에서 검증된 이 모델을 참고하는 게 낫다.

그 밖에 팀장이 팀을 운영할 때 주의할 점은 팀 내부에서 업무와 구성원 관계 사이의 균형을 맞추는 것이다. 업무 성과에 쏟는 관심이 지나치면 팀원 간에 마찰이 커지거나 팀 분위기가 나빠져 문제가 생기기도 한다. 팀원이 협력보다 경쟁하는 데 치중한 탓이다. 이런 경우 팀 전체에 시각을 넓히라고 조언해 보자. 같은 팀 사람들과의 경쟁보다는 같은 회사의 다른 팀, 동종 업계 비슷한 경력자 등과 경쟁하는 것이 바람직하다고 알려 준다. 그러면서 팀원끼리 서로 도우면서 더 좋은 실적을 달성하면 개인의 시장 경쟁력을 키울 수 있다고 강조한다.

반대로 팀원끼리 너무 잘 지내는 게 때로는 문제가 된다. 좋은 관계에 영향을 미칠 것이 두려워서 최선의 결정을 내리지 못하기도 하는 것이다. 이처럼 업무 완수는 관리자가 가장 신경을 써야 하는 부분이지만 관계의 균형을 맞추는 것도 놓치면 안 된다.

⑩ **실적을 올리는**

현 실 적 인 방 법

기업에서 수행하는 모든 업무의 궁극적인 목적은 바로 실적을 올리는 것이다. 관리자도 마찬가지다. 회사가 팀에 부여한 업무를 팀원에게 적절히 분배한 뒤 이를 완수하는 한편, 끊임없이 인재를 육성하며 발전시키는 관리자의 업무는 결국 실적과 연결되어 있다.

이제부터 팀 실적을 올리는 방법에 대해 알아본다.

방법1. 목표 설정, 계획 수립, 업무 분배

관리자는 실무자가 아니기에 업무를 직접 수행하지 않는다. 즉, 팀을 잘 관리해 실적을 올리는 방법을 연구하고 실천한다. 그러려면 모든 업무의 시작인 목표 설정과 계획 수

립이 제대로 돼야 한다. 이를 위해 사전에 다양한 자료를 조사하고 면밀히 검토할 필요가 있다. 예를 들어 어떤 프로젝트를 완수하는 것이 목표라면 이런 것들을 알아본다.

프로젝트 완수를 위한 질문들

❶ 프로젝트에 팀 자원을 얼마나 투입해야 하는가?

❷ 팀 자원이 부족하면 어떻게 확보할 수 있을까?

❸ 다른 프로젝트에서 사용했던 인프라 중 이번 프로젝트에도 사용할 수 있는 것이 있는가?

❹ 자원을 모두 갖췄을 때 프로젝트 완수에 시간이 얼마나 걸릴까?

계획 수립을 할 때는 전체 계획과 그 하위 단위인 세부 계획을 세운다. 이때 세부 계획이 바로 팀원에게 분배할 업무에 해당한다.

방법2. 프로세스와 정기 보고를 통해 업무 진행 상황 확인

업무를 분배한 뒤에는 팀원이 맡은 일을 잘 진행하는지 지속해서 확인한다. 이때 〈20. 업무 효율 올리기 2〉에서 소개한 PDCA 사이클을 사용해 '계획-실행-평가-개선' 단계마다 점검한다. 또한 업무의 중요도와 성격을 고려해 빈도를

정해 정기 보고를 받는다.

방법3. 직원마다 맞는 업무 분배, 맞춤형 관리

조직의 팀 실적을 함수로 표현하면 일반적으로 실선으로
나타난다(그림6-2). 실적이 좋은 직원 수는 적고, 실적이
중간쯤 되는 직원 수가 가장 많다. 점선은 기업이 도달하고
싶어 하는 실적이 높은 상황을 보여 준다. 따라서 팀 실적
을 올리려면 점선과 겹치도록 실선을 오른쪽으로 이동시켜
야 한다.

더 많은 팀원이 더 나은 실적을 내게 하려면 개별 관
리를 하는 방법이 가장 좋다. 우선 실적이 뛰어나고 성취감

그림6-2 / 직원 성과 분포도

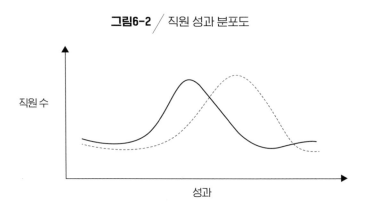

을 중요시하는 사람에게는 도전적이고 결과가 확실히 나는 일을 분배한다. 이런 사람은 동기가 워낙 강하기 때문에 관리자가 많은 시간을 들이지 않고 결정적인 순간에만 코칭해도 된다. 그리고 실적이 중간 수준인 사람은 관리자가 업무 전반을 살피며 이끌어 준다. 기본기가 있으므로 관리자가 신경 쓰면 업무 수행 능력이 향상해 실적이 나아지는 경우가 많다. 마지막으로는 실적이 뒤처지는 사람이다. 팀장은 업무 수행 능력이 부족한지, 아니면 근무 태도에 문제가 있는지 등 원인을 먼저 찾은 뒤에 상황에 맞게 팀원을 돕는다.

팀 실적 올리는 방법은 이외에도 다양하다. 여기서 살펴본 것들은 큰 방향에 불과하니, 본인이 관리하는 팀을 더욱 깊이 들여다보고 세심하게 방법을 찾는다.

❺❶ 우리 팀의 정보 공유 메커니즘,

문제 없을까?

"제 상사는 하루 종일 사무실에 코빼기도 안 보여요. 도대체 뭐 하느라 그리 바쁜지 모르겠어요. 자리에 있을 때가 별로 없으니 일은 거의 안 한다고 봐야 할 것 같아요."

"팀장님을 보면 회의가 주업무 같아요. 일은 전부 다 우리 팀원들한테 넘겨요. 원래도 할 일이 많아서 정신없어 죽겠는데 회의만 갔다 오면 일을 잔뜩 준다니까요."

팀장은 수많은 일을 하지만 굳이 팀원에게 그 일들을 알리지 않기 때문에 일하지 않는 것처럼 보일 수 있다. 더군다나 관리자의 업무란 실무가 아니다. 팀의 방향성을 잡고, 큰 프로젝트를 기획하고 준비하며, 실무를 하는 팀원을 관리하는 것이 관리자의 업무다. 팀장의 업무는 물론, 역할에 대해 제대로 이해하지 못하는 일부 팀원은 팀장이 일한다는 느낌을 받지 못할 수도 있다. 하지만 실제로는 팀장이 하는 다양한 일이 결국은 팀을 움직이고, 다른 팀과 팀장의 상사와도 원활하게 협력하게 한다.

팀장은 자신의 업무와 역할을 팀원 모두에게 이해시킬 필요가 있다. 그리고 궁극적으로는 팀의 '정보 공유 메커니즘'을 점검하고 단단하게 구축해야 한다. 바로 〈46. 초보 팀장도 최강 팀워크를 만들 수 있다〉에서 다뤘던 메커니즘이다. 팀원이 관리자인 상사를 오해한다는 것은 결국 관리자에 대한 정확한 정보를 제대로 전달받지 못했다는 뜻이다. 이 메커니즘이 원활하게 작동하면 팀원 간에 신뢰가 쌓이며 업무 효율도 올라간다.

¶

정보 공유 메커니즘과 관련해 알아 둘 개념이 있다. '조하리의 창Johari Window'이라는 개념이다(그림6-3). 이는 1955년 미국 심리학자 조지프 루프트Joseph Luft와 해리 잉햄Harry Ingham이 공동으로 발표한 의사소통 이론이다. 이들은 사람과 사람 사이에 전달되는 정보를 네 개의 창으로 비유했다.

'조하리의 창' 이론에 등장하는 네 개의 창문

열린 창 모두가 아는 정보. 팀원 모두에게 잘 공유된 업무 정보가 여기에 속한다.

보이지 않는 창 자신은 모르지만 다른 사람은 아는 정보. 정작 본인은 모르나 다른 팀원들이 안 좋다고 느끼는 부정적인 말버릇 등이 여기에 속한다.

숨겨진 창 자신은 알지만 다른 사람은 모르는 정보.

그림6-3 / 조하리의 창

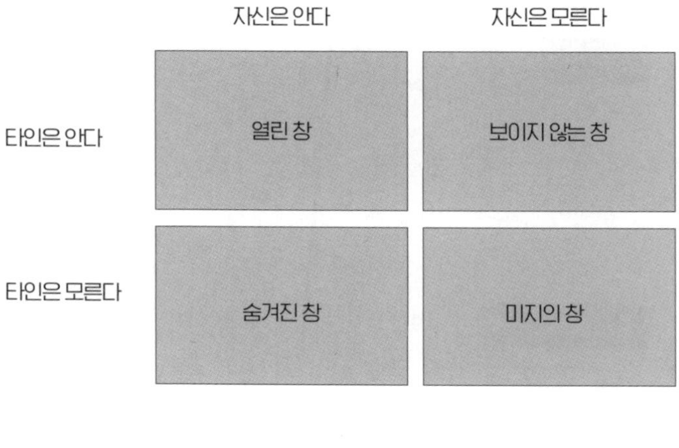

	자신은 안다	자신은 모른다
타인은 안다	열린 창	보이지 않는 창
타인은 모른다	숨겨진 창	미지의 창

혼자만 알고 있는 비밀 등이 여기에 속한다.

미지의 창 자신이 스스로 의식하지 못하는 정보. 아직 발견하지 못한 잠재력 등이 여기에 속한다.

창으로 구분된 영역은 고정된 것이 아니며 사람마다 영역 크기가 제각각이다. 자신이 속한 팀의 상황을 이 이론에 대입해 보면, 팀의 창 크기를 알 수 있다. 창의 크기에 따라 팀장이 직면하는 문제 또한 다르므로 대처법도 달라야 한다. 그럼, 창 크기별 팀장의 대처법을 알아본다.

팀의 창 크기에 따른 관리자의 대처법

열린 창 열린 창이 크다면 팀 소통은 전체적으로 양호하다고 할 수 있다. 다만 팀 내부적으로 충분히 소통하는 것은 좋지만 모든 정보가 아닌 선별된 정보를 공유해야 한다는 점에 유의하자.

보이지 않는 창 보이지 않는 창이 크다면 팀원이 팀장의 문제를 알지만 선뜻 말하지 못하는 상황일 가능성이 높다. 팀장은 팀원이 의견을 제시했을 때 자신이 얼마나 잘 수용해 왔는지 스스로 점검하고 상황을 개선하자.

숨겨진 창　숨겨진 창이 크다면 팀장은 팀원과 소통이 부족한 상태다. 더구나 정보를 팀장이 혼자 가지고 있어서 팀원은 팀장으로부터 신뢰받지 못한다고 생각할지 모른다. 팀원이 알아야 할 정보가 있다면 시기를 놓치지 말고 제때 공유하도록 한다.

미지의 창　미지의 창이 크다면 팀장은 소통과 정보 확보에서 어려움을 겪는 상황이다. 이 상황을 타개하기 위해 팀원과 활발히 소통하며 다양한 정보를 나누는 게 좋다. 경력과 자격이 풍부한 팀원에게 정보를 구하거나, 잘 모르는 분야를 같이 공부하는 등 적극적으로 행동에 나설 필요가 있다.

특히 이 글 앞부분에 제시된 불만들에 등장하는 팀은 숨겨진 창이 큰 경우며 이런 상황에 놓인 팀장이 아주 많다. 숨겨진 창이 큰 팀장은 매일 바쁘게 회의하고 의견을 나누며

계획을 세우고 방안을 내놓지만, 정작 팀원과는 이런 활동과 관련한 정보를 충분히 공유하지 않곤 한다. 따라서 팀장은 정기 회의를 마련해 팀원에게 업무 보고를 받는 한편, 자신이 진행 중인 일을 적극적으로 공유하면 좋다. 설령 팀원에게 위임하거나 배분할 일이 아니어도 가능하면 공유하기를 권한다. 그렇게 해야 서로의 업무를 이해하고 협력할 수 있다.

이렇듯 우리 팀을 정확히 진단한 뒤 가장 적절한 방법을 통해 정보의 격차를 줄여 나가자. 팀의 소통이 잘되고 좋은 정보가 공유되면 팀원의 업무 수행 능력까지도 향상되기 마련이다.

일 하 는 사 람 의 기 본 51

The 51 Basics for Office Workers

ⓒ 린쉬안 . Printed in Korea

1판 1쇄 2024년 7월 10일

ISBN 979-11-89385-50-7

지은이 . 린쉬안

펴낸이 . 김정옥

편집 . 김정옥, 조용범, 눈씨

마케팅 . 황은진

디자인 . 나침반

종이 . 한승지류유통

제작 . 정민문화사

펴낸곳 . 도서출판 어떤책

주소 . 03706 서울시 서대문구 성산로 253-4 402호

전화 . 02-333-1395

팩스 . 02-6442-1395

전자우편 . acertainbook@naver.com 홈페이지 . acertainbook.com

페이스북 . www.fb.com/acertainbook 인스타그램 . www.instagram.com/acertainbook_official

안녕하세요, 어떤책입니다. 여러분의 책 이야기가 궁금합니다.

홈페이지 acertainbook.com
페이스북 www.fb.com/acertainbook
인스타그램 www.instagram.com/acertainbook_official

점선을 따라 가위로 오려서 보내 주세요. 우표 없이 우체통에 넣으시면 됩니다. ✂

보내는 분

이름

주소

이메일

우 편 엽 서

우편요금
수취인 후납
발송유효기간
2023.7.1~2025.6.30
서대문우체국
제40454호

도서출판 **어떤책**

03706 서울시 서대문구 성산로 253-4 402호

a
certain
book

저희 책을 읽어 주셔서 감사합니다. 독자엽서를 보내 주시면 지난 책을 돌아보고 새 책을 기획하는 데 참고하겠습니다.

1. 《일하는 사람의 기본 51》을 구입하신 이유는 무엇인가요?

2. 구입하신 서점

3. 이 책에서 특별히 인상 깊은 부분이 있다면 무엇인가요?

4. 작가와 출판사에 하고 싶은 말씀이 있다면 들려주세요.

보내 주신 내용은 어떠한 SNS에 무기명으로 인용될 수 있습니다. 이해 바랍니다.